잠들지 않는 토끼

잠들지 않는 토끼

1등 기업을 만드는 기계 뇌의 비밀

가토 에루테스 사토시 지음 | **이인호** 옮김

한스미디어

기계 뇌의 시대

기계 뇌란 무엇인가

소비자가 모르는 사이에 역할 분담에 관한 일종의 지각 변동이 일어나고 있다. 주식으로 크게 손해를 봐서 속상할 때, 벌벌 떨면서 건강 진단 결과를 뜯어볼 때, 새내기 가수의 음악에 푹 빠졌을 때, 천만 관객 돌파 영화를 보고 흥분했을 때, 출장 때문에 탄 비행기 안에서 기분 좋게 졸고 있을 때, 이를 제공한 것이 '사람'이 아닌 '기계'라는 사실을 알고 있는 사람이 과연 얼마나 될까?

주식 시장에서는 이미 알고리즘 트레이딩이 상식이다. 만약 미국 증권거래소에서 주식 거래를 하다가 참패했다면, 당신의 경쟁 상대는 높은 확률로 기계였을 것이다.

의료 정보도 대체로 요즘에는 기계가 처리한다. 미국의 거대 보험사 앤섬에서는 인간 의사의 진찰 결과에 더해, 알고리즘에 의한 '2차 소견'을 일부 의무화했다. 일본에서도 수많은 알고리즘이 의사도 놓칠 만한 질병 징후를 발견하곤 한다. 임상에서 일반 의사의 진단 능력을 능가하는 알고리즘도 존재한다.

　가수 노라 존스는 앨범 〈Come Away with me〉가 2,000만 장 이상 팔리는 히트를 치면서 그래미상에서 8개 부문을 석권했다. 사실 노라 존스는 무명 시절에 폴리포닉 HMI라는 기업의 '알고리즘에 의해 발굴된' 아티스트였다.

　할리우드의 대형 영화 제작사는 아직 1초도 촬영을 진행하지 않은 상태에서 영국 회사인 에파고긱스 등에게 영화의 흥행 수입 예측을 의뢰하고, 분석 결과를 바탕으로 줄거리와 배역을 바꾸는 등 히트작을 내기 위한 노력을 아끼지 않는다. 전 세계의 사람에게 감동과 열광을 선사하려면 영화 내용을 어떻게 바꿔야 하는지도 이제는 알고리즘이 제안하는 셈이다.

　비행기 관제 시스템에서는 인간도 놓칠 만한 고장 징후를 기계가 발견하고 사고를 예방하는 프로그램이 도입되고 있다.

　초기엔 알고리즘을 설계할 때는 모든 판단 규칙을 조건 분기 형식으로 인간이 직접 작성해야 했다. '이런 조건일 때는 이렇게 한다'는 식으로 지시 사항을 인간이 일일이 정의하는 식이다.

하지만 최근에는 알고리즘이 고도화되면서, 인간이 조건 분기를 정해주지 않아도 기계가 스스로 학습하면서 인간이 해석할 수 없는 형식으로 프로그램을 작성하는 기법이 쓰이기 시작했다. 그 대표적인 예로 기계 학습(머신 러닝)을 들 수 있다. 이름 그대로 기계가 스스로 학습한다는 점이 기존과 크게 다르다.

기존에도 동력과 숙련공의 작업을 기계화하는 등 인간과 기계의 역할 분담이 바뀐 적이 있기는 했다. 하지만 어디까지나 물리적인 힘을 쓰는 일과 조작 과정을 기계가 대신한 것이지, 인간의 특징인 '생각하는 일'까지 대체하지는 못했다.

오늘날 인류는 역사상 처음으로, '생각하는 일' 자체를 기계가 대신한다는 혁명적인 변화를 겪고 있다. 필자는 이를 산업혁명에 비견할 만한 '기계 뇌의 시대'라고 부른다.

'딥 러닝의 시대'나 '인공지능의 시대'가 아니라 '기계 뇌의 시대' 라고 부른 이유는, '역직기 혁명'이나 '증기기관 혁명'이라고 부르지 않고 산업혁명이라고 부르는 것과 같은 이치다. 산업혁명은 단순히 역직기와 증기기관 등의 기술에 관련된 사람뿐만 아니라, 사회 전체에 광범위한 영향을 미친 사건이었다.

딥 러닝은 계산처리 기술 중 하나이며, 인공지능도 기계 뇌의 시대를 구성하는 한 가지 기술 요소일 뿐이다. 우리가 지금 경험하고 있는 변화는 그러한 기술에 관련된 사람에게만 국한된 일이 아니며, 산업혁명과 마찬가지로 더 광범위한 것이다.

인간뿐만 아니라 기계도 '지능'에 관한 일을 담당한다는 이러한 변화는 인류가 처음으로 경험하는 일이다. 이는 회사의 경쟁 전략은 물론이고 생산 활동에서 인간이 점하는 위치, 일하는 방식, 교육 제도, 법 제도, 국가의 경쟁 전략, 그리고 인간의 근본적인 가치관에 이르기까지 커다란 변화를 일으킨다. 그러므로 일개 기술 발전에만 초점을 맞춰서 '딥러닝과 인공지능의 시대'라고 여기지 말고, 지능을 담당하는 이가 바뀌는 '기계 뇌의 시대'라고 인식해줬으면 한다.

이 책은 비즈니스 현장에서 응용할 수 있는 실용서를 목표로 썼다. 따라서 '인공지능이란 무엇인가?', '애초에 지능이란 무엇인가?'와 같은 주제는 다루지 않는다. 어디까지나 기계 학습이라는 수단을 통해 실현될 수 있는, '생각하는 일을 기계가 대체한다는 변화'가 우리에게 어떠한 영향을 미칠지 해설하는 데 주력하고자 한다. 그리고 그러한 시대에서 살아남기 위한 방법을 소개한다.

산업혁명이 일어나자 직장을 잃은 숙련공들은 기계를 파괴하는 러다이트 운동을 일으켰다. 그 결과 정부와 충돌하면서 수많은 사상자가 생겼으며, 사형을 선고받은 사람도 많았다. 인간이 하는 일과 기계가 하는 일의 경계선은 업무의 복잡성, 노동 비용, 리드 타임, 정확성, 기술 수준에 따라 계속 변해왔지만, 기계 뇌의 시대에서는 마침내 그 경계선이 '판단'이라는 행위까지 이르고 말았다는 사실을 우리는 명심해야 한다.

그 누구도 멈출 수 없는 기술 발전이라는 현상과, 그 영향에 대한 대처가 불완전했다는 현실이 러다이트 운동이라는 비극을 일으키고 말았다. '기계 뇌의 시대'에서는 그런 일이 일어나지 않도록, 본질적인 이해를 널리 알리는 데 힘쓰고 싶다.

데이터 과학, 기계 학습, 그리고 '잠들지 않는 토끼'

'기계 뇌의 시대'라는 말을 들으면, 독자 여러분 중에는 "통계 기술과 컴퓨터 과학을 비즈니스에 활용해온 사례는 이미 매우 많다. 이제 와서 '시대가 바뀐다'고 할 만큼 대단한 일이 벌어지고 있는 것은 아니다"라고 생각하는 사람도 있을 것이다. 물론 이미 예전부터 통계 기술을 기둥 삼아 컴퓨터 과학이 비즈니스의 문제 해결에 활용되어왔다는 것도 맞는 말이다. 하지만 필자는 현시점에서 그 이상의 지각변동이 일어나고 있으며, 그 변화는 여태까지 해왔던 일의 연장선에 있지 않다고 본다. 적어도 그렇게 해석함으로써 수많은 기회를 잡을 수 있다는 것이 이 책을 통해서 하고 싶은 말이다.

우리가 오늘날을 '기계 뇌의 시대'라고 인식해야 하는 첫 번째 이유는, **여태까지 활용해온 통계학과 현재 주류가 되어가고 있는 기계 학습이 근본적으로 다른 기술이기 때문**이다. 통계학은 인간이 데이터의 특징을 평균, 분산, 상관 등의 관점에서 파악할 수 있도록 돕는다. 즉, 인간이 미래를 예측하는 데 도움을 주기 위한 학문이다. 한편으로 기계 학습은 인간이 기계에게 '이럴 때는 이렇게 해라', '저럴 때는 저렇게 해라' 등의 명령을 일일이 내리는 것이 아니라, 모든 데이터를 넘겨주고 이후로는 '기계가 알아서 학습하는' 기술이기에 애초에 통계학과는 완전히 다른 개념이다.

데이터가 아주 복잡해지면 인간이 개별적인 명령을 모두 파악할 수 없다. 통계학에서는 다양한 데이터의 평균적인 특징밖에 알 수 없다. 이를 다르게 말하면 다수의 특징만을 남기고 소수의 특징은 버린다고 할 수 있다. 한편으로 기계 학습은 모든 특징을 남긴 채 계산할 수 있다. 소수파의 특징은 비록 수는 적어도 종류가 대단히 많다는 것이다. 따라서 기계 학습을 이용하면 대단히 복잡한 문제에 관해서도 고도의 판단을 내릴 수 있다.

정확도 면에서도 기계 학습은 차원이 다르다. 기존 방식으로는 바둑과 장기 프로그램이 프로 기사를 이기지 못했고, 인물 사진을 컴퓨터에게 보여줘도 그게 누구인지 알아볼 수 없었다. 따라서 "통계학과 컴퓨터 과학이 있으니 기계 학습은 놀랄 만한 일이 아니다"라는 말은 "말이 있으니 자동차 따위는 놀랍지 않다"라고 하는 것이나 다름없으며, 기술의 근본적인 차이를 무시하고 새로운 것을 과소평가하는 태도다. 이미 통계학이 최강의 학문이었던 시대는 끝나고 있다. 통계학으로 할 수 있는 것보다 더욱 고도의 판단을 인간의 개입 없이 내릴 수 있는 기술이 등장했기 때문이다.

두 번째 이유는, 바로 **진화 속도**다. 기본적으로 기계 학습에서는 데이터를 많이 투입할수록 정확도가 비약적으로 상승한다. 반면에 통계학은 어디까지나 평균을 다루는 학문이므로, 그러한 경향이 뚜렷하게 나타나지는 않는다. 쉽게 말해 기계 학습에서는 데이터가 늘어나면 늘어날수록 이를 결과에 잘 반영할 수 있다는 뜻이다. 가령 구글 무인 자동차가 주행 실험을 하면 할수록 그동안 겪어보지 못했던 교통 사정과 동물이 갑자기 뛰어나오는 상황 등 다양한 경험이 축적되고, 이를 통해 운전 기술이 향상돼서 더욱 먼 거리를 달릴 수 있게 된다. 이렇게 데이터 규모에 관한 강력한 선순환이 일어날 수 있다.

　이솝 우화 '토끼와 거북이'에서 토끼는 방심하며 걸음을 멈췄지만, 알고리즘은 방심하지도 않고 지치지도 않으므로 사람이 자는 사이에도 계속 자동으로 개선을 해 나갈 수 있다. 이 책에서는 데이터를 집약할 수 있는 플랫폼과, 그 데이터와 알고리즘에 따라 자동으로 개선이 이루어지는 시스템을 갖춘 기업의 사례를 다룰 것이다. 그러한 기업은 대단히 진화 속도가 빠르기에, 이른바 잠들지 않는 토끼라고 할 수 있다. 잠들지 않는 토끼와 경주하면 거북이는 절대 이길 수 없다. 여태까지는 거북이였던 기업도 이제는 토끼처럼 사는 법을 배울 수밖에 없는 상황이 올 것이다. (꼭 토끼가 되지 않아도, 거북이로서 생존할 수 있는 영역을 찾을 수 있지 않겠냐는 의문이 들 수도 있다. 하지만 기존 기업 간의 경쟁에서 데이터 과학이 무기로 활용되고 있는 상황이므로, 그런 식으로 살아남기는 힘들 것이다. 이에 관해서는 제1장을 중심으로 설명하겠다.)

세 번째 이유는 이렇게 **'생각하는 기능'을 기계가 대체한다는 변화가 기업 전략뿐만 아니라 개인의 경력과 능력 개발에도 커다란 영향을 미치기 때문**이다. 물론 단순히 한 가지 기술 요소가 등장했다고 해서 개인의 시장 가치와 그동안 쌓아온 경험이 무의미해지지는 않는다.

하지만 총이 발명되면서 전쟁의 양상이 바뀌었듯이, 새로운 무기가 등장하면 그 강력함에 비례해 기존 전략과 전술도 크게 변화하기 마련이다. 필연적으로 이를 운용하는 개인 혹은 조직에게 필요한 능력도 달라진다.

컴퓨터가 등장하면서 다양한 업무가 자동화되었기에, 이미 기업과 개인은 예전과 같은 업무처리 방식으로 되돌아갈 수 없다. 마차의 시대가 끝나고 자동차의 시대가 시작되자, 말을 기르는 일자리 대신 자동차 설계, 제조, 수리 등의 일자리가 더 많아졌다. 자동차 기술의 영향 범위는 개인의 기술 역량뿐만 아니라 운용 주체, 도로 인프라, 에너지 정책, 자원 획득을 둘러싼 국제 경쟁에까지 이르렀다. 그럼 '생각하는 기능'이 계속 보급되어서, 여태까지는 상상하지도 못했던 판단을 기계가 내릴 수 있게 되면 어떻게 될까?

그런 상황에서는 이제 "이것은 계속되는 변화가 아니다"라고 주장하기는 어렵지 않을까. 적어도 개인의 경력 개발이라는 관점에서 생각하면, 새로운 기술에 대비하고 필요한 기술을 배우는 데 시간을 들이는 편이 더 유익할 것이다.

기반 기술을 이해할 때 중요한 것은, 어떠한 범위에 어떠한 규모로 영향을 미칠지 파악하는 일이다. 산업혁명 시대는 단순히 증기 기관이라는 일개 기술의 시대가 아니었다. 이것이 바로 우리가 앞으로 살아갈 시대가 '인공지능 시대'나 '기계 학습 시대'가 아니라 '기계 뇌의 시대'라고 인식해줬으면 하는 이유다.

이야기가 길어졌으니 다시 정리해보자. 현재 급속도로 발전하고 있는 기반 기술인 기계 학습은, 여태까지 인간이 담당해 왔던 '판단'이라는 행위를 기계가 대체할 수 있도록 해준다. 이는 기존 컴퓨터 기술이나 통계학과는 비교할 수도 없을 정도로 넓은 범위에서 커다란 영향을 미칠 것이다. 이 분야에서는 기술이 진화하면 그 결과가 바로 다음 진화를 촉진하기에, 진화 속도가 아주 빠르다는 점이 특징이다.

이러한 기술 요소의 급격한 진화를 기회로 활용하려면, '기계 학습'의 기술적인 측면만을 바라봐서는 부족하다. **'생각하기'라는 근본적인 작업 분야에서, 인간과 기계의 역할 분담이 지각 변동을 겪고 있는 '기계 뇌의 시대'**임을 인식하고 있어야 한다.

이 책의 의의

그럼 기계학습이라는 새로운 무기를 활용하려면 어떻게 해야 할까? 사내에 전문가 집단을 만들어서 데이터 처리를 맡기면 되나? 신문사나 SI 기업에서 주최하는 빅데이터에 관한 행사에 참여하면 될까? 컨설턴트에게 사업 기회를 진단해 달라고 의뢰해야 할까? 문과 출신도 프로그래밍을 공부해야 하는 것일까?

그러한 것들도 한 가지 방법일 수는 있겠지만, 우선은 기계 학습의 본질을 이해해야 한다. 유행어를 만들어내고 각종 툴을 도입하라고 부추기는 IT 잡지와 자칭 '전문가'에게 휘둘리지 않을 정도의 식견과 시야가 필요하다는 뜻이다. 이는 그다지 새롭지 않고 너무 당연한 소리처럼 들릴 것이다. 하지만 이런 지적을 실현하기란 여간 어려운 일이 아니다.

필자의 경험에 따르면 일본을 대표하는 대기업 임원과 이 산업 분야를 담당하는 고위 관료, 통계와 수리에 관한 연구소의 전문가, 유명 대학의 교수 중 오늘날 일어나고 있는 데이터 과학의 고도화와 기업 경쟁 환경의 지각 변동에 충분히 따라오고 있는 사람은 그리 많지 않다고 본다. 사내에 데이터 분석에 관한 전문가 집단을 만들었지만, 기존 부서와의 깊은 연계·협력 체계를 구축하지 못한 결과 조직의 정보 활용 능력을 향상시키는 데 실패한 사례도 많이 봤다.

이 책은 '장래에 분명 기계 뇌의 시대가 올 것이다'라고 주장하는 미래 예측서가 아니다. **이 책은 미래가 아니라 지금 이미 일어나고 있는 사실에 관해 쓴 책이다.** 이 책에서 소개하는 사례는 이미 공연히 알려진 것들이고, 개중에는 벌써 더 나은 기술이 개발된 것도 있다. 그런 의미에서 현재도 아닌 과거라고도 할 수 있다.

함부로 '당신의 직업이 없어질 것이다'라는 위기감을 부추기려는 의도는 없다. 본서는 기계 뇌의 시대에 업무는 어떤 식으로 바뀌고, 자신은 무엇을 배워야 하며, 어떤 식으로 개인의 경력을 형성해나가야 할지 건설적으로 생각하고 싶은 사람을 위해 그 재료와 관점을 제공하는 책이다. 이를 통해 현실적인 비즈니스 현장에서 활약하는 데 도움을 주는 것이 이 책의 목적이다.

향후 시대에 필요한 직종이 뭐냐는 말을 들으면 데이터 과학자를 떠올리는 사람이 많을 것이다. 실제로 우수한 데이터 과학자의 수요는 현재 대단히 높다. 미국 경제지 포춘은 미국 대학의 학부별 초임 순위를 발표했다. 여기서 컴퓨터 과학을 전공한 학생의 초임은 평균 8만 5천 달러로, 1위인 의대 졸업생 초임 10만 달러에 이어 2위를 차지했다. 투자은행에서 고속 거래 알고리즘을 만드는 직책에서는 신입이 초임 20만 달러를 넘는 사례도 있었다. 미국뿐만 아니라 일본에서도 우수한 데이터 과학자를 확보하기 위해 대학원생 인턴에게

1,000만 엔에 달하는 월급을 주는 기업도 있다.

하지만 기계 뇌의 시대에서 우대받는 직업은 데이터 과학자만이 아니다. 기계 뇌를 구축하고 활용하는 일은 개인 경기가 아니라 팀 경기다. 인원의 규모 측면에서 보면, 데이터 과학과 비즈니스를 이어줄 수 있는 사람이 더 많이 필요할 것이다. 굳이 일을 몇 년씩 쉬어가며 이공계 대학원에서 컴퓨터 과학을 배우지 않더라도 충분히 기계 뇌의 시대에 순응하고 공헌하는 인재가 될 수 있다. 특히 데이터 과학자와 어떤 식으로 소통하면 되는지, 자신은 어떠한 정보 활용 능력과 사고방식을 지녀야 하는지 아는 일은 새로운 무대에서 여러분이 활약하는 데 큰 도움이 될 것이다.

필자는 비즈니스와 데이터 과학을 모두 다루었으며, 수많은 프로젝트 현장에서 이 두 가지를 이어주는 일을 담당해 왔다. 그 오랜 경험 중에 때로는 아쉽게 실패하고 만 적도 있었지만, 그러한 경험까지 모두 포함해서 성공을 위한 정수만을 모아 여러분에게 전하고 싶다.

이 책을 집필하면서 수많은 빅데이터 관련 서적, 비즈니스 통계 서적, 프로그래밍 개론서를 살펴봤다. 하지만 대체로 극단적인 사례의 표면만을 다룬 책이거나 특정한 기술에 관해서만 파고든 나머지 비즈니스에 활용하는 장면이 떠오르지 않는 책들이다 보니, 결국은 '이거다!' 싶은 책을 찾지 못했다. 한 마디로 전체적인 그림이 그려지지 않고, 자신이 뭘 해야 하는지 잘 보이지 않는다는 소리다.

따라서 이 책은 비즈니스⇔과학⇔기술의 각 측면을 연결해서 논하고 있다는 점이 가장 큰 특징이다. 이 책에서 상정한 독자는 다음과 같다.

① 통계학, 컴퓨터 과학 활용에 관한 직접 책임자
② 시스템 도입과 운용을 담당하는 사람
③ 비즈니스 측면에서 매상과 이익에 직접적으로 공헌해야 하는
　사람

그리고 앞으로 그렇게 되고 싶은 모든 사람이다.

각각의 처지에서 "결국 나는 어떻게 하면 되는 걸까?"라는 질문에 답할 수 있도록, 세 가지 측면을 모두 관통하며 종합적으로 설명했다고 필자는 자부한다. 데이터를 더 잘 활용한 조직을 만들고 싶은 사람, 이제 막 데이터 분석 전문 부서가 회사에 생겼다는 사람에게는 정말 딱 맞는 책일 것이다. 여러 구성원이 공통적인 언어와 틀을 통해 대화할 수 있게 되는 것만으로도 조직의 생산성은 크게 향상된다.

이 책은 데이터 경쟁 시대의 본질에 입각한 경영 전략·비즈니스 전략·데이터 전략을 삼위일체로 바라보는 줄거리를 제공하고자 한다.

각 분야를 망라하며 설명했기에, 각각의 분야에 특화된 전문성이 높은 내용도 포함되어 있다. 그런 부분에 관해서는 '전문적으로는 이런 논점이 있구나' 정도로 이해하면 된다. 실제 프로젝트 현장에서 그 지식이 필요해졌을 때 생각나기만 하면 되므로, 가볍게 훑

어보는 정도면 충분하다.

이 책의 구성

컨설팅과 세미나에서 그동안 자주 받은 질문과, 이에 관한 답을 발췌하여 아래에 적어 두었다.

이 책은 장별로 어느 정도 독립적인 내용이 되도록 구성했다. 따라서 처음부터 끝까지 순서대로 읽어도 좋고, 관심 있는 부분만 골라 읽어도 상관없다. 그러다 보니 각 장의 첫 부분만 보면 내용이 중복되기도 하는데, 부디 양해해 주었으면 한다.

질문: "기계 학습으로 할 수 있는 일이란 대략 어떤 것인가요?"

→ 가시화·분류·예측이라는 세 종류의 판단을 내릴 수 있다(제1장). 각각 제2장, 제3장, 제4장에서 사례를 들어 설명하겠다.

질문: "어떤 회사가 이를 활용하고 있나요? 어떤 회사가 성공했나요?"

→ 구글과 아마존 등의 인터넷 기업뿐만 아니라 규모가 큰 업종에 속하는 기업, 중소기업, 벤처, 업계 단체, 정부, 지자체, 비영리 단체 등 기업이 아닌 조직도 있다. 이 책만 가지고 전 세계를 다 망라할수는 없겠지만, 가시화·분류·예측에 관하여 뛰어난 성과를 낸 다양한 사례를 들며 설명하겠다(제2장~제4장).

질문: "우리 회사에는 대기업 같은 자금력도 없고 천재 엔지니어도 없는데, 데이터 과학을 활용할 수 있을까요?"

→ 가능하다. 앞에서도 언급했듯이 현재 시장에서의 위치와 자금력 등은 기계 뇌를 활용할 수 있느냐와 무관하다. 대기업일 필요도 없다. 이 책에서는 경쟁에서 밀리던 기업이 데이터 과학을 이용해 기사회생한 사례도 소개할 것이다. 또한, 희대의 천재가 없어도 괜찮다. 오히려 이 책에서는 일부 인재에 의존하지 않고 팀으로 접

근하는 방식을 추천하고 있다. 어떠한 직종이 필요하며, 실제 현장에서는 어떤 논의와 함께 작업이 진행되는지 제5장에서 설명하겠다.

질문: "직접 데이터 과학을 활용해보고 싶지만, 무엇부터 손을 대야 할지 잘 모르겠습니다. 처음부터 시작하는 방법이나 프레임워크가 있는지 궁금합니다."

→ 그런 사람을 위해 ABCDE 프레임워크를 소개하겠다. 또한, 개인이 데이터를 활용하는 프로젝트에 참여할 때의 요령도 설명하겠다(제5장).

질문: "솔직히 빅데이터는 업체가 돈을 벌 구실처럼 느껴집니다. 데이터의 양이 늘어나도 꼭 결과를 낼 것이라는 보장은 없다고 봅니다. 업체에 휘둘리지 않으려면 어떻게 해야 할까요?"

→ 확실히 그런 느낌이 강한 광고도 있다. 데이터의 양이 많다고

꼭 성과를 보장할 수는 없다는 것도 맞다. 회사 차원에서 본질적으로 가치 있는 방식으로 데이터를 활용하고자 한다면 데이터 과학을 이용해 해결하고 싶은 비즈니스 과제를 명확하게 정의하고, 시스템과 모델의 원리를 이해하는 것이 최고의 지름길이다. 복잡한 수식과 프로그래밍을 이해하지 못해도 원리 중 대부분은 이해할 수 있다. 또한, 각 모델의 기본적인 특징을 알고 있다면 업체의 제안을 올바르게 평가할 수 있을 것이다(제5장).

질문: "저는 프로그래밍과 컴퓨터 과학에 관한 지식이 없는데, 앞으로도 제가 할 일이 있을까요? 제가 활약할 여지는 있을까요?"

→ 있다고 본다. 거듭 강조하지만, 인원수 면에서 보면 데이터 과학자보다 오히려 비즈니스 측면을 견인하는 사람이 더 많이 필요할 것이다. 물론 새로운 무기를 운용하고 실천하는 노하우를 배우기 위한 최소한의 학습은 필요하다. 하지만 지금부터 대학원을 다시 다녀야

할 정도는 아니다. 그러한 학습에 관한 정수를 소개하겠다(제6장).

질문: "데이터 과학을 공부하면 수입이 오를까요?"

→ 유감스럽게도 이는 너무 안이한 생각이다. 확실히 데이터 과학자는 현재 수요보다 공급이 지나치게 부족하다. 따라서 당분간은 고수입을 기대할 수 있는 분야기는 하다. 하지만 비즈니스·엔지니어 담당자와 의사소통을 잘하지 못하는 과학자는, 역량을 쌓아 전직해도 결국 제대로 활약하지 못한 채 도태된다. 따라서 데이터 과학을 공부했다고 해도, 그 지식의 가치를 발휘하려면 비즈니스와 엔지니어링을 담당하는 동료들과 함께 대화할 수 있는 능력이 필요하다(제5장, 제6장). 일반적인 이미지와는 달리, 비즈니스에서 데이터 과학을 활용하는 일은 개인 작업이 아니라 팀 작업에 가깝다. 만약 데이터 과학을 공부했고 팀 작업을 잘 할 수 있다면 수입이 오르겠냐고 물어본다면, 확실하게 '네'라고 답할 수 있다.

이 책에는 불안감을 일으킬 만한 내용과 다소 불편하게 들릴 수 있는 입바른 소리도 포함되어 있다. 하지만 본질에서 눈을 돌리지 않고, 여태까지 필자가 쌓아 올린 경험과 옳다고 믿는 바를 독자 여러분에게 전하고 싶다. 데이터 과학에 열중하고 있는 여러 도전자 덕분에 그동안 이루지 못했던 일들이 매일같이 실현되고 있다. 만약 여러분의 도전과 바람직한 미래 실현에 도움을 줄 수 있다면, 필자로서 이보다 더 기쁜 일은 없을 것이다.

Contents

제3장 기계 뇌는 분류한다

제4장 기계 뇌는 예측한다

제5장 기계 뇌의 설계 레시피

제6장 기계 뇌를 운용할 수 있는 조직 만들기

제1장

기계 뇌의 해부학

잠들지 않는 토끼의 약진은
멈추지 않는다

이솝 우화 '토끼와 거북이'는 토끼와 거북이가 달리기 경주를 하는 이야기로, 토끼가 자신의 실력을 과신하며 쿨쿨 자는 사이에 쉼 없이 나아간 거북이가 결국 승리한다는 내용이다.

이야기 속에서는 토끼가 방심하며 걸음을 멈췄지만, 실제 기업 간 경쟁에서는 그렇지 않다. 특히 이 책에서는 데이터를 집약할 수 있는 플랫폼과, 데이터와 알고리즘에 따라 자동으로 개선이 이루어 지는 시스템을 갖춘 기업을 주로 다룰 것이다. 약진을 거듭하고 있는 구글과 아마존 등의 기업이 대표적인 사례다. 그러한 기업을 이 책에서는 '잠들지 않는 토끼'라고 부른다.

사람과 달리 알고리즘은 피곤해하거나 잠들지 않으며, 자만에 빠져 방심하지도 않는다. 또한 최근 발전하고 있는 알고리즘과 대용량 데이터 처리 기술을 보면, 입력하는 데이터의 양이 늘어나면 늘어날수록 결과물의 정확성이 현저하게 높아지고 있다.

가령 여러분이 지금 아마존의 전자 서적 단말기를 통해 이 책을 읽고 있다고 해보자. 그러면 당신이라는 사람이 언제 어느 페이지를 어느 정도의 시간을 들이며 몇 번을 읽었고 어떤 메모를 달았는지 알고리즘에 의해 파악될 수 있다. 인터넷에서 책 제목을 검색하는 일, 책을 구매하는 일, 감상을 친구에게 구글 메일로 보내는 일, 아마존 사이트에 감상문을 올리는 일 등도 모두 알고리즘이 당신이라는 사람을 더 정확하게 알기 위한 재료가 될 수 있다.

그 결과 가령 "이 책에도 관심 있지 않나요?"라며 프로그램이 상품을 추천한다거나, 개인의 기호에 맞춘 광고를 자동으로 표시할 수 있다. 아마존 매상 중 실로 3할 이상이 이 개인 맞춤형 상품 추천 기능에 의한 것이며, 근년에는 그 비율이 35%로 올랐다고 한다.[1]

서장에서는 데이터 과학을 실제로 활용한 사례로 앤섬, 폴리포닉 HMI, 에파고긱스 등을 소개했다. 그밖에도 가령 정보를 다루는 산업에서는 오래전부터 알고리즘을 활발하게 이용해 왔다. 미디어 산업에서도 신문기자가 아니라 알고리즘이 기사와 지면 기획을 쓰는 사례가 점점 늘어나고 있다. 미국 회사인 스탯몽키에서는 야구 경기 기록을 가지고 자동으로 기사를 작성하여 배포하는 알고리즘을 제공하고 있다. 주식 시장 뉴스에서도 이와 비슷한 시스템이 존재한다.

미국의 오토메이티드 인사이트에서는 스포츠 기사와 주가 관련 보고 등을 자동으로 생성해서 배포한다. 다음 문장은 해당 회사에서 자동 생성한 웹 접속 보고의 사례다.

총괄: 당사 부동산 웹 사이트의 2월 방문자 수는 1월보다 대폭 상승(24.4% 증가)하여 79만 2,385건이었다. (중략) 본 사이트의 방문자 수 증가와 높은 상관관계를 지니는 지표는 참조 페이지 2개, 검색 엔진용 랜딩 페이지(/corporate/home.aspx), 유료 광고의 키워드 중 하나인 '차펠힐 부동산', 7가지 캠페인 사이트, 3가지 SNS에서의 접속이었다.

기업 내에서 분석 보고서를 쓰는 일이나 언론에서 뉴스 기사를 쓰는 일 등은 해당 분야에 관한 깊은 지식과 문장력이 필요한 작업이다 보니, 전형적인 화이트칼라의 업무로 여겨져 왔다. 하지만 오늘날에는 이러한 자동 생성 툴이 서서히 보급되기 시작하고 있다. 미국 야후의 뉴스에 나오는 미식축구 기사는 모두 오토메이티드 인사이트에서 제공하는 것이다. 2013년에 동사가 배포한 기사와 보고서는 총 3억 건이나 됐으며, 2016년에는 15억 건으로 늘어났다. 대략 1초에 1.6개꼴로 기사와 보고서를 양산하고 있는 셈이다. 이는 아무리 기자를 많이 모아도 대항하기 힘든 속도다.

기사 작성뿐만 아니라 결산 정보 요약도 자동화되고 있다. 니혼게이자이신문에서는 2017년 1월부터 기업이 공개한 결산 단신 등에서 결산 정보를 추출하여 자동으로 문장으로 만드는 서비스인 '결산 서머리'를 제공하고 있다. 신문에 기사를 배치하는 일도 예전에는 신문사의 데스크가 밤을 새우면서 작업한 것을 새벽에 윤전기가 찍어내는 식이었다. 하지만 요즘에는 웹 사이트에서 개인이 클릭한 이력을 바탕으로 그 사람이 좋아할 만한 기사를 모아서 표시해주는 사이트나 스마트폰 앱이 넘쳐난다.

기사 내용뿐만 아니라 광고를 보여주는 방식도 많이 달라졌다. 과거에는 대형 광고 대행사를 통해 TV에 광고를 무조건 많이 내는 것이 필승 경영 전략이었다. 하지만 오늘날에는 무수히 많은 인터넷 미디어를 통해 상품에 관심이 있을 만한 고객층을 실시간으로 노리며 광고하는 것이 당연한 일이 되었다.

'다른 세상 일'이라고 생각하며 방관하는 시대는 끝났다

그동안 한 이야기는 금융, 광고, 정보 산업에만 국한된 내용이 아니다. '다른 세상 일'이 아니라는 뜻이다. 오늘날 데이터를 활용한 기업 간 경쟁은 정보산업에서만 벌어지는 일이 아니기 때문이다.

'다른 세상 일'이라고 볼 수 없는 첫 번째 이유는, 최근 데이터 과학 분야에서 힘을 키운 회사가 다른 오래된 산업 영역으로 진출해서 그 압도적인 자본과 세계 정상급 데이터 과학 활용 능력을 이용해 이종 격투기 시합을 벌이고 있기 때문이다.

2017년 6월에 소프트뱅크 그룹이 구글의 지주 회사인 알파벳의 보스턴 다이내믹스를 인수했다. 보스턴 다이내믹스는 원래 미군과 미국 방위 고등 연구 계획국DARPA의 지원을 받으며 인공지능과 로

봇 개발을 해온 기업이다.

또한, 해외에서는 전자 상거래 기업의 대표 격인 아마존이 유명한 자연식품 소매업체인 홀푸드마켓을 인수했다. 원래 아마존은 키바시스템 인수(2012년 3월)를 시작으로 물류 센터 자동화를 추진해왔는데, 이제는 전자 상거래뿐만 아니라 계산대 없는 완전 자동화 소매점을 갖추고 홀푸드마켓의 점포망을 손에 넣었으며 중국과 미국을 오가는 대형 화물선까지 운용하는 회사가 되었다. 참고로 아마존의 R&D 투자액은 약 1조 5,000억 엔이나 된다. 모든 일본 기업의 R&D 투자액을 다 합한 것이 약 13조 엔이므로, 이는 엄청난 규모의 액수다.[2]

구글도 아마존 못지않게 R&D 투자를 많이 하고 있다. 단지 인터넷 웹 사이트를 내려받아서 링크 정보를 정리하는 회사에 불과했던 구글이, 지금은 자동차산업에 진출하여 자율주행차의 주행 실험을 수만 킬로미터나 진행하고 있다(정확히 말하면 구글은 자율주행차 전체가 아니라 '운전사'를 만들고 있다.[3])

구글은 2013년 이후로만 봐도 로보틱스 관련 스타트업 7군데, iPod 발안자로 유명한 토니 파델이 이끄는 가정용 하드웨어 제조사 '네스트랩스'(32억 달러), 영국의 인공지능 개발 스타트업(6.5억 달러)을 인수하여 온라인뿐만 아니라 오프라인 세계의 발판을 착실하게 마련해가고 있다.

페이스북은 2013년 12월에 인공지능연구소를 설립하여 뉴욕대 구글이 인수한 기업 중에는 로보틱스·하드웨어 기업(두꺼운 글씨)이 많다.

인수일	인수된 기업	업종	국가	인수한 기업
2013/12/2	SCHAFT, Inc.	Robotics, humanoid robots	JPN	Google X
2013/12/3	Industrial Perception	Robotic arms, computer vision	USA	Google X
2013/12/4	Redwood Robotics	Robotic arms	USA	Google X
2013/12/5	Meka Robotics	Robots	USA	Google X
2013/12/6	Holomni	Robotic wheels	USA	Google X
2013/12/7	Bot & Dolly	Robotic cameras	USA	Google X
2013/12/8	Autofuss	Ads and Design	USA	Google X
2013/12/10	Boston Dynamics	Robotics	USA	Google X
2014/1/4	Bitspin	Timely App for Android	CHE	Android
2014/1/13	Nest Labs, Inc	Home automation	USA	Google
2014/1/15	Impermium	Internet security	USA	Google
2014/1/26	DeepMind Technologies	Artificial Intelligence	UK	Google X
2014/2/16	SlickLogin	Internet Security	ISR	Google
2014/2/21	spider.io	Anti ad–fraud	UK	DoubleClick, Adsense
2014/3/12	GreenThrottle	Gadgets	USA	Android
2014/4/14	Titan Aerospace	High-altitude UAVs	USA	Project Loon
2014/5/2	Rangespan	E–commerce	UK	Google Shopping
2014/5/6	Adometry	Online advertising attribution	USA	Google
2014/5/7	Appetas	Restaurant website creation	USA	Google
2014/5/7	Stackdriver	Cloud computing	USA	Google Cloud
2014/5/7	MyEnergy	Online Utility Usage Monitor	USA	Nest Labs
2014/5/16	Quest Visual	Augmented Reality	USA	Code Project, Google Translate
2014/5/19	Divide	Device Manager	USA	Android
2014/6/10	Skybox Imaging	Satellite	USA	Google Maps, Project Loon
2014/6/19	mDialog	Online advertising	CAN	DoubleClick
2014/6/19	Alpental Technologies	Wireless Technology	USA	Google
2014/6/20	Dropcam	Home Monitoring	USA	Nest Labs

2014/6/25	Appurify	Mobile Device Cloud, Testing Services	USA	Google Cloud
2014/7/1	Songza	Music streaming	USA	Google Play, Android TV
2014/7/23	drawElements	Graphics compatibility testing	FIN	Android
2014/8/6	Emu	IM client		Google Hangouts,Google Now
2014/8/6	Director	Mobile video	USA	YouTube, Android
2014/8/17	**Jetpac**	**Artificial intelligence, image recognition**	**USA**	**Google X**
2014/8/23	Gecko Design	Design	USA	Google X
2014/8/26	Zync Render	Visual Effects Rendering	USA	Google Cloud Platform
2014/9/10	Lift Labs	Liftware	USA	Life sciences division of Google X
2014/9/11	Polar	Social Polling	USA	Google+
2014/10/21	Firebase	Data Synchronization	USA	Google Cloud Platform
2014/10/23	**Dark Blue Labs**	**Artificial Intelligence**	**UK**	**Google DeepMind**
2014/10/23	**Vision Factory**	**Artificial Intelligence**	**UK**	**Google DeepMind**
2014/10/24	**Revolv**	**Home Automation**	**USA**	**Nest Labs**
2014/11/19	RelativeWave	App Development	USA	Material Design
2014/12/17	Vidmaker	Video Editing	USA	YouTube
2015/2/4	Launchpad Toys	Child–friendly apps	USA	YouTube for Kids
2015/2/8	Odysee	Photo/video sharing & storage	USA	Google+
2015/2/23	Softcard	Mobile payments	USA	Google Wallet
2015/2/24	Red Hot Labs	App advertising and discovery	USA	Android
2015/4/16	**Thrive Audio**	**Surround sound technology**	**IRE**	**Google Cardboard**
2015/4/16	**Tilt Brush**	**3D Painting**	**USA**	**Google Cardboard**
2015/5/4	Timeful	Mobile software	USA	Google Inbox, Google Calendar
2015/7/21	**Pixate**	**Prototyping and Design**	**USA**	**Material Design**
2015/9/30	Jibe Mobile	Mobile Cloud Communications	USA	Android

출처: https://en.wikipedia.org/wiki/List_of_mergers_and_acquisitions_by_Alphabet의 정보를 저자가 가공

학 컴퓨터 과학과 교수인 얀 루칸 박사를 소장으로 초청했다.

두 번째 이유는 기존 기업 간에도 알고리즘 경쟁이 과열되고 있기 때문이다. "내가 속한 산업 분야는 자동차산업만큼 크지도 않고, 업계 내에 옛 관행이 아직 많이 남아있으니 구글이나 아마존이 눈독 들일 일도 없을 거야. 지각변동도 아직 먼 일이겠지"라고 생각하는 사람도 있을 것이다. 하지만 '일반적인 산업' 분야에서도 경쟁기업이 데이터 과학이라는 새로운 무기를 활용해서 기존의 방식을 완전히 바꿔버릴 수도 있다. 업계에 독특한 관행과 다양한 법 규제가 있어서 외부에서 침공당할 일이 없다 해도, 업계 내부에 있는 경쟁사가 대단히 강력한 최신 무기로 무장해버리면 이 또한 거대한 위협이 될 수 있다는 뜻이다.

가령 고마쓰제작소는 건설 기자재와 중장비 제조사로 대표적으로 규모가 큰 업종에 속하지만, 일찍부터 건설 장비 원격 관리 시스템을 개발·운용하여 경쟁을 유리하게 이끌어왔다. 콤트랙스 KOMTRAX라 불리는 이 시스템을 이용하면 고객사와 판매대리점은 각 건설 장비의 소재지, 가동 상황, 부품 이상 여부를 실시간으로 파악할 수 있다.

원래 이 시스템의 기원은 건설 장비의 도난 방지를 위해 GPS를 달았던 것인데, 지금은 고장 예측을 통한 대체 부품 조달부터 시작해서 차량별 연료 소비량 가시화와 개선안 제시에 이르기까지 수많은 활동을 가능케 하고 있다. 꼭 인터넷 기업이 아니어도 데이터를 콤트랙스의 제어 표시: 이를 통해 공사 현장에서 멀리 떨어진 곳에서도 인터넷으로 장비의 상태를 확인할 수 있다

표시 아이콘	경고 종류	내용	점검/정비
	냉각수 과열	엔진 가동 중에 엔진 수온이 비정상적으로 높아져서, 수온 모니터가 적색 레벨로 표시된다 ※ 엔진 과열로 파손 우려 있음	• 저속 공회전 상태로 만든다 • 냉각수량 점검 • 라디에이터 등이 막혔는지 점검
	엔진오일 유압 저하	엔진 가동 중에 엔진 윤활유가 정상치 이하가 되면 빨간 불이 켜진다 ※ 엔진 과열로 파손 우려 있음	• 엔진 정지 • 오일 레벨 유량 점검 • 센서, 하네스, 커넥터, 모니터 패널 점검
	교류 발전기 충전 불량	엔진 가동 중에 교류 발전기에서 발전 신호가 나오지 않고 충전이 정상적으로 이루어지지 않으면 빨간 불이 켜진다 ※ 재시동 불가 우려 있음	• 충전계통 점검 • V 벨트가 느슨한지 점검
	엔진오일 레벨 저하	엔진오일 팬의 유량 저하, 유량 부족 시에 빨간색으로 깜박인다 ※ 반복되면 엔진 과열로 파손 우려 있음	• 엔진 정지 • 엔진오일 유량 점검, 보충
	에어클리너 여과재 막힘	에어클리너 여과재가 막혀서 신호가 발생하면 빨간 불이 켜진다 ※ 엔진 손상 우려 있음	• 엔진 정지 • 에어클리너 점검, 청소 • 여과재 교환
	냉각수 레벨 저하	엔진 가동 중에 라디에이터 냉각수 수위가 저하되면 빨간 불이 켜진다 ※ 엔진 과열 우려 있음	• 라디에이터 서브 탱크 안에 있는 냉각수 점검, 보충
	작동유 과열	엔진 가동 중에 작동유 온도가 비정상적으로 높아지면 빨간 불이 켜진다 ※ 엔진, 유압 기기 손상 우려 있음	• 저속 공회전 상태로 만든다 • 작동유 쿨러, 라디에이터, 애프터쿨러, 에어콘덴서 등이 막혔는지 점검
	토크컨버터·파워트레인 오일 과열	엔진 가동 중에 토크컨버터 오일 온도가 비정상적으로 높아져서 모니터 표시가 적색 레벨이 되면 경고 램프가 깜박인다	• 엔진 정지 • 토크컨버터 점검
	브레이크 유압 저하	엔진 가동 중에 브레이크 유압이 저하하면 경고 램프가 깜박이고 경고음이 울린다	• 엔진 정지 • 브레이크 유압 회로 점검
	트랜스미션 필터 막힘	엔진 가동 중에 트랜스미션 필터가 막히면 빨간 불이 켜진다	• 엔진 정지 • 트랜스미션 필터 점검
	연료 필터 수위	워터 세퍼레이터 내에 물이 가득 차면 빨간 불이 켜진다	• 엔진 정지 • 워터 세퍼레이터 점검, 물 빼기

출처: 고마쓰건기판매 홈페이지

활용할 여지는 얼마든지 있고, 데이터를 올바르게 활용함으로써 업계의 지도를 크게 바꿔놓은 사례도 드물지 않다.

이는 B2B 산업과 B2C 산업 모두에 해당하는 일이다. 가령 장인의 기술과 지혜의 극치라고 불리는 니혼슈(일본술)의 제조 과정에서도 데이터를 활용한 사례가 있다.

60년 이상의 역사를 자랑하는 양조장인 아사히주조는 미일회담 때 아베 총리가 오바마 대통령에게 선물한 술인 '닷사이'를 만든 곳이다. 그런데 아사히주조에는 전통적인 니혼슈 장인인 도지나 쿠라비토가 없다. 대신 10년 이상 모은 데이터의 분석 결과를 바탕으로 쌀을 씻은 후의 수분 흡수 비율이나 각 공정의 온도 등을 소수점 이하까지 신경 쓰는 등, 데이터를 이용해 철저한 관리를 하고 있다. 역사가 오래된 분야인 주류 제조업에서도 데이터를 활용하여 성공한 사례가 나오고 있는 오늘날, "내가 일하는 업계는 전통적인 분야니 아직 해당 사항이 없다"라고 단언하는 것은 지나치게 비현실적인 태도일 것이다.

정치의 세계에서는 2012년 미국 대통령선거 결과를 예측한 이야기가 유명하다. 원래 야구 스코어러였던 통계 전문가 네이트 실버가 미국 50개 주의 선거 결과를 거의 완벽하게 예상한 것이다. 고명한 정치학자와 사회학자의 예상이 잇달아 빗나가던 중에 그들보다 정치에 관한 식견이 한참 부족한 실버가 완벽한 예측을 해냈다는 점은 대단히 충격적인 일이었다(참고로 2016년 미국 대통령선거에서 실

네이트 실버에 의한 미국 대통령 선거 예측(왼쪽)과 실제 결과(오른쪽)

출처: https://twitter.com/cosentino/status/266042007758200832를 바탕으로 저자가 작성

버는 당선자 자체는 맞히지 못했지만, 트럼프의 승률을 다른 어떤 미디어보다도 높게 추정했다).

행정 분야의 예를 들자면, 미국 여러 주에서는 각 취업 지원 방법이 얼마만큼이나 효율적인지 알아보기 위해, 무작위 추출과 회귀분석을 조합한 비용 대비 효과 정량화를 실시하고 있다. 멕시코에서도 빈곤 박멸을 위해 무작위 추출과 회귀 분석을 이용하여 현금 보조, 빈곤 가정의 출생 전 진료, 영양 상태 모니터링 등이 교육과 건강 개선에 얼마나 공헌하는지 조사하고 있다.

유럽의 유명한 슈퍼마켓 체인인 테스코는 마케팅 분석 기업인 던험비를 자회사로 두고 있다. 던험비는 일본에 진출하기 위해 '슈퍼에서 고객 장바구니 안에 있는 상품 정보를 서버로 보낸 다음 이를 판별하여 맞춤 광고를 보여주는 특허'를 취득했다. 테스코는 예전부터 구매자의 정보를 모아서 가격 책정과 광고에 활용해 왔다. 그래서

던험비의 점포 내 광고 특허

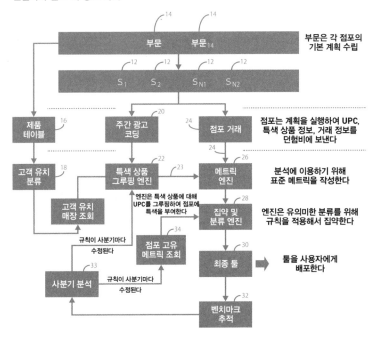

출처: 특허 공개 2007 — 317209 소매업자를 위한 점포 내 광고 계획 및 평가 방법

자연스레 '가게에 오기 전에만 광고하는 것이 아니라 가게 안에서도 개인 맞춤 광고를 해보자'라는 발상에 이르렀을 것이다.

그러한 아이디어를 바탕으로 던험비는 다음과 같은 질문에 답할 수 있는 시스템을 구축해냈다.

【던험비가 고객에게 제공하는 통찰】

"어떤 고객층이 매출을 많이 올려주는가? 더욱 효율을 올리기 위해서는 어떡하면 좋은가?"

"어떤 고객층이 메일로 보낸 쿠폰에 반응을 보이는가?"

"어떤 고객이 어떤 행사를 좋아하는가?"

"현재 점포 내 상품 구성과 가격은 어떤 고객층의 수요를 만족시키고 있으며, 어떤 고객층을 만족시키지 못하고 있는가?"

구글이나 아마존 등이 진출해올 일이 없는 업계라 해도, 이러한 분석은 얼마든지 활용할 여지가 있다. 구글이 오든 말든, 기존 기업 사이에서 이미 데이터 경쟁이 벌어지고 있다는 뜻이다.

데이터 과학은 필수 교양

여태까지 소개한 사례만 봐도 기계 뇌가 할 수 있는 일이 너무나 다양해서 눈이 휘둥그레졌을 것이다. 게다가 50쪽 상단의 표처럼 질병 진단, 국제 소송, 가수 발굴 등 상황에 따라 다양한 판단을 해야 하는 일이나 '인간다움'의 상징인 음악성과 예술성을 판단하는 일까지도 할 수 있는 상태다.

앞으로는 개인 차원의 경력 관리와 업무 수행에 있어서도 데이터 과학에 대한 이해가 필요할 것이다. 엔지니어링밖에 해본 적 없는 팀원들과 어떻게 의사소통할 것인가, 새로운 무기를 사용하는 업무에서 자신이 어떤 식으로 회사와 사회에 공헌할 수 있는가, 향후 자신의 시장 가치를 높일 수 있는 기술과 경험은 무엇인가 등이 결정적

기타 기계 뇌가 할 수 있는 일

기업	분야	내용
앤섬	질병 진단	의사의 진단을 알고리즘이 보조한다. 기계가 내리는 진단의 정확성이 인간을 뛰어넘는 분야도 나오고 있다.
프론테오	소송에 쓰이는 증거 검토	법조인 여러 명이 몇 주나 모여서 진행해야 했던 검토 작업을 기계가 대신 수행한다.
폴리포닉 HMI	가수 발굴	수많은 데모 테이프의 음악 패턴을 기계가 분석함으로써 히트 칠 가능성이 높은 가수를 발굴한다.

으로 중요해진다. 이에 관한 답을 회사가 알려주지 않으므로, 스스로 기계 뇌의 본질을 이해해 답을 찾아야 한다.

데이터 과학에서 다루는 복잡한 수식과 프로그래밍에 관한 지식 없이 기계 뇌의 본질을 이해하겠다고 하면 대단히 무모한 말처럼 들릴 것이다. 하지만 '업무상 쓸 수 있다', '데이터 과학을 전공한 팀원과 대화를 나눌 수 있을 정도의 지식을 갖춘다'는 정도라면 절대 불가능한 목표는 아니다.

이제 기계 뇌가 어떤 기능을 지니고, 어떻게 만들 수 있으며, 어떻게 운용하는지 순서대로 설명하겠다.

기계 뇌가 할 수 있는 딱 세 가지 일

아서 클라크는 "고도로 발달한 기술은 마법과 구별할 수 없다Any sufficiently advanced technology is indistinguishable from magic"라고 말했다. 자동차가 스스로 달린다거나, 히트 칠 노래를 기계가 발굴해내는 등 데이터 과학의 성과는 정말 마법 같다.

그런데 사실 기계 뇌는 오직 세 가지 일만 할 수 있다. 바로 '가시화', '분류', '예측'이다. 마법처럼 보이는 기계 뇌의 성과도 이 세 가지를 조합해서 이루어낸 것이다.

① **가시화**: 데이터를 인간이 감각적으로 파악할 수 있는 형태로 가공하거나 번역하는 기능(제2장에서 자세히 설명한다. 엄밀하게 말

하면 가시화 처리 그 자체에 '기계 학습 알고리즘'이 많이 쓰이지는 않지만, 기계 뇌의 성능 향상을 통해 실현될 수 있는 기초적인 기능이라 소개한다)

② **분류:** 성질이 같은 것과 다른 것을 구별하는 기능(제3장에서 자세히 설명한다)

③ **예측:** 과거를 바탕으로 미래에 어떤 일이 일어날 확률이 얼마나 되는지 계산하는 기능(제4장에서 자세히 설명한다)

각 기능을 구현할 때 어떤 알고리즘을 사용하고 어떤 점을 조심해야 하는지는 다음 장부터 자세히 다루기로 하고, 여기서는 우선 각 기능의 개요를 설명하겠다. 엄밀하게 말하면 기계 학습의 수법을 사용하지 않는 기능도 있기는 하지만, 이미지를 떠올리기 쉽도록 특징적인 예를 들며 설명하겠다.

① 가시화하기

가령 혼다기연공업과 일본 사이타마현이 만든 '급브레이크 지도'가 유명하다. 47쪽 상단의 표는 자동차 내비게이션의 데이터를 바탕으로 급브레이크를 자주 밟는 장소를 뽑아낸 것이다. 위에 있는 표만 보고 해석하기는 어렵지만, 아래 그림처럼 지도에다 위치와 방향을 적어 주면 어느 곳에 주의 환기용 도로 표식을 세우면 좋을지 한눈에 알 수 있다. 또한 아래 표에는 도로 표식을 세운 결과 급브레이

혼다와 사이타마현이 만든 급브레이크 지도

데이터(가시화 처리 전)
급브레이크가 발생했을 때 기록되는 정보

경도	위도	방위	감속도	발생일시
139.791919	35.848056	15	0.39	200810010716
139.829072	35.771850	8	0.35	200810010722
139.751103	35.775389	3	0.35	200810010823
139.509217	35.766717	14	0.35	200810010823
139.585658	35.788028	5	0.38	200810010833
139.594033	35.795375	7	0.35	200810010900
139.649906	35.832475	15	0.35	200810010927
139.597803	35.772211	4	0.36	200810011006
139.623228	35.768886	8	0.37	200810011016
139.516044	35.750731	2	0.35	200810011100
139.819758	35.795061	4	0.37	200810011103
139.680675	35.763903	15	0.35	200810011129

출처: 사이타마현 현토정비정책과(도로 행정 세미나 2011년 5월)

가시화 처리 후
지도상에 급브레이크가 자주 발생하는 장소를 겹친 것

출처: 사이타마현토정비정책과(도로 행정 세미나 2011년 5월)

크와 사고가 얼마나 줄었는지까지는 나와 있지 않다. 하지만 장래에 는 일본의 모든 도로에서의 사고 발생 확률과, 도로 표식을 세움으 로써 이를 얼마나 줄일 수 있는지도 가시화할 수 있을 것이다(이 사 례의 세부 내용에 관해서는 제2장에서 설명한다).

다른 예도 있다. 스트레스스캔이라는 회사에서 만든 '스트레스 스캔' 앱은 인간의 정신 상태를 가시화해준다.

원래 인간의 정신 상태는 눈으로 볼 수 없는 것이지만, HRV[4](심 박변이도) 해석이라는 수법을 통해 교감 신경과 부교감 신경 중 어느 쪽이 더 우위에 있는지 심박 변동을 통해 산출할 수 있다. 만약 교감 신경이 우세하다면 스트레스가 큰 상태라는 식이다.

인류가 질병과 싸워온 역사를 보면 대체로 외상이나 감염 등 외 부적인 요인이 많았지만, 최근에는 조금 사정이 달라지고 있다. 세

'스트레스 스캔' 화면

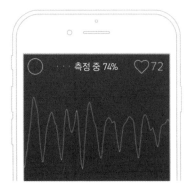

출처: '스트레스 스캔' 웹 사이트

계보건기구의 예측[5]에 따르면 2030년에는 온갖 질병과 장애를 제치고, 다름 아닌 우울증이 인류에게 손실을 가져다줄 가장 큰 요인이 될 것이라고 한다. 병원균에 관해서는 배양 기술과 현미경 등 가시화 기술이 발전하면서 질병과 싸우는 데 큰 도움이 되었다. 그런 의미에서 HRV 해석은 스트레스에 대한 가시화라고 할 수 있다.

② 분류하기

분류에 관한 알기 쉬운 사례는 바로 '스팸 메일 필터'다. 과거에 우리가 스팸 메일이라고 체크한 메일들의 특징을 바탕으로, 새로 온 메일이 스팸인지 아닌지 자동으로 판단하는 것이다. 이를테면 "특가", "무료", "만남" 등의 문구가 포함되어 있는지, 보안 수준이 낮은 웹 사이트로 가는 링크가 포함되어 있는지, 특정 주소에서 온 메일인지 등이 판단 재료가 될 수 있다. 이러한 기준을 사람이 일일이 하나씩 정해주는 것이 아니라, 과거에 스팸이라고 체크된 메일과 그렇지 않은 메일을 비교하여 기계가 알아서 찾아내는 것이다. 사람이 스팸 메일 체크를 할 때마다 기계가 이를 학습하면서 판단 기준을 스스로 수정해 나간다.

예전에는 사람이 일일이 그러한 규칙을 정해주는 방식으로 스팸 메일 필터를 만들었다. 즉 금지 단어 목록을 계속 수동으로 업데이트하고, 메일에 해당 목록의 단어가 포함되어 있으면 스팸 메일이라고 판단하는 식이었다. 가령 'breast(가슴)'라는 단어를 금지 단어로

기계 뇌가 스팸 메일을 학습하는 방법

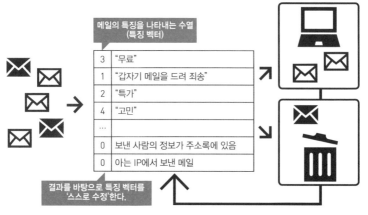

메일의 특징을 나타내는 수열 (특징 벡터)	
3	"무료"
1	"갑자기 메일을 드려 죄송"
2	"특가"
4	"고민"
…	
0	보낸 사람의 정보가 주소록에 있음
0	아는 IP에서 보낸 메일

결과를 바탕으로 특징 벡터를 '스스로 수정'한다.

출처: '스트레스 스캔' 웹 사이트

추가해버리면, 'breast cancer(유방암)'에 관한 메일도 스팸 메일로 간주되어 버리는 등 여러모로 불편한 점이 많았다.

③ 예측하기

농작물 수확량 예측이 대표적인 사례다. 몬산토가 2013년에 인수한 클라이미트 코퍼레이션은 일조량, 기온, 온도, 풍향 등 각종 기상 정보를 바탕으로 날씨를 예측함으로써 비료, 물, 농약을 써야 할 시기와 필요한 양을 농가에 제안한다. 그러면 전염병이 발생하기 전에 대책을 마련할 수 있고, 비료의 종류·사용량·사용 시기 등을 최적화할 수도 있다.

클라이미트 코퍼레이션의 발표에 따르면, 1에이커당 단 15달러

클라이미트 코퍼레이션의 기상 예측

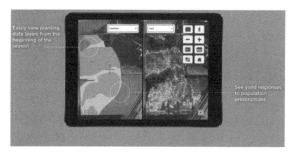

출처: 클라이미트 코퍼레이션 웹 사이트

만 투자하면 100달러나 이익을 늘릴 수 있다고 한다. 또한, 날씨 예측 서비스뿐만 아니라 날씨 보험 상품까지 함께 제공한다. 물론 항상 예측이 적중하지는 않지만, 수확 결과를 입력하면 기계 뇌가 이를 학습하여 점점 정확도가 올라간다. 그 결과 과학적인 농작물 관리를 실현할 수 있는 것이다.

조합하기

'가시화', '분류', '예측'을 조합하면 더욱 고도의 기능도 구현할 수 있다. 가령 구글에서 진행하고 있는 자율주행차를 살펴보자.

구글 자율주행차는 말 그대로 사람의 도움 없이 기계가 알아서 운전하는 자동차다. 2012년 시점에 미국 여러 주의 일반 도로를 총 50킬로미터 이상 무사고로[6] 달렸으며, 2013년 말에는 네바다주, 플로리다주, 캘리포니아주, 미시간주에서 자율주행차를 허가하는 법률을 공포했다. 2017년 현재는 누적 주행 거리가 300만 킬로미터 이상에 달한다.

운전자가 자고 있어도 알아서 목적지로 데려다주는 자율주행차는 미래 그 자체라고 할 수 있지만, 이 기술도 사실은 가시화·분류·예측으로 구성돼 있다.

우선 가시화 부분부터 살펴보자. 구글 무인 자동차에는 다양한 센서가 달려 있는데, 그중에서 가장 중요한 것은 바로 차 지붕 위에 있는 레이더다. 이는 각 센서의 심장부라고 할 수 있는데, 120미터 앞에 있는 차량과 나무의 움직임까지 감지할 수 있다. 그 밖에도 전

구글 자율주행차

출처: Driving_Google_Self-Driving_Car.jpg: Steve Jurvetson derivative work: Mariordo [CC-BY-2.0 (http:// creativecommons.org/licenses/by/2.0)], via Wikimedia Commons

면, 후면, 측면에 있는 거리 센서와 전면 카메라 등이 차량 주변 환경을 가시화한다. 가시화라곤 해도 이번 사례에서는 사람이 그 결과를 해석할 필요가 없으므로, 적응 순항 시스템Adaptive Cruise System이라 불리는 처리 엔진에 각 센서의 정보를 제공하면 된다.

그다음 단계에서는 센서에서 집약한 정보를 분류한다. 분류한다곤 해도 결국 차가 안전하게 주행하도록 제어하는 것이 목적이므로 일정 거리 내에서 움직이고 있는 커다란 물체를 '주의할 대상'으로 분류하고, 기타 정지하고 있는 물체나 크기가 몹시 작은 물체는 '덜 주의할 대상'으로 분류하면 충분할 것이다(차종이나 색깔 등으로 더 분류할 필요가 없다는 뜻이다).

하지만 인간이 모든 상황에 대한 지시를 일일이 내려줄 수는 없다. 빨간 신호에서 멈춰 있는 차는 '주의할 대상'으로 간주해야 할까? 대부분의 상황에서는 주의하지 않아도 되겠지만, 때때로 신호를 무시하는 차도 있다. 바로 이런 점 때문에 일반 도로에서 하는 주행 시험이 중요한 것이다. '지금은 멈춰 있지만 갑자기 움직일 가능성이 있는 물체'로는 어떤 것이 있는지 인간이 일일이 알려줄 수는 없지만, 300만 킬로미터 정도 일반 도로를 달리다 보면 기계가 스스로 이것저것 경험하며 학습할 수 있기 때문이다.

마지막으로 예측이 있다. 이것도 인간이 다양한 상황을 모두 망라해서 적어내는 것이 아니라, 기계 학습을 이용해서 해결한다. "전방 몇 미터 이내에 신장 몇 센티미터 이상의 소형 동물이 존재하고,

구글 자율주행차 위에 탑재된 레이저 관측기(벨로다인, HDL-64E)에 의한 시계 재현

출처: 벨로다인 제품 카탈로그

그와 동시에 후속 차량이 어떤 속도로 몇 미터 이내로 접근한 상황이라면 이러이러한 가속도로 감속해야 한다"라는 식으로 일일이 다 정해주는 것은 불가능하기 때문이다. 대신 도로 주행 테스트를 통해 안전하게 달릴 때의 데이터를 축적함으로써 기계가 스스로 프로그램을 구축하도록 하면 된다.

현재 구글은 도로 주행 시험에서 한 발짝 더 나아가 컴퓨터 시뮬레이션으로 캘리포니아주의 도로를 재현하여, 그 안에서 구글 무인 자동차의 적응 순항 시스템을 계속 동작시키고 있다. 현실 세계에서는 긴 거리를 달리려면 당연히 시간이 많이 든다. 하지만 시뮬레이션이라면 일반 도로에서 몇 년이나 걸려야 축적할 수 있는 데이터를 고작 몇 분 만에 모을 수 있다. 또한, '무엇을 하면 사고가 일어날까' 등 현실에서는 시험해볼 수 없는 한계점을 검증해볼 수 있다는 부분도 가상 실험 환경의 장점이다. 2016년에 구글은 단 1년 동

안 약 16억 킬로미터나 가상 주행 시험을 진행했다.[7]

　이처럼 언뜻 보기에 복잡한 기계 뇌도 실은 가시화, 분류, 예측이라는 단순한 기능으로 분해할 수 있다는 사실을 깨달았을 것이다. 다음 장부터는 가시화, 분류, 예측의 실제 사례를 살펴보겠다.

제2장

기계 뇌는 가시화한다

이번 장에서는 기계 뇌의 가시화 기능에 관해 이야기하겠다. 제3장에서는 '분류', 제4장에서는 '예측'을 다룰 것인데, '가시화'는 그러한 응용 기능의 기초가 되는 아주 중요한 부분이다. 가시화하지 못하면 분류와 예측으로 넘어갈 수 없기 때문이다.

설령 예측과 분류까지 할 수 있을 정도로 발달한 고도의 기계 뇌가 필요 없다 할지라도, 예측과 분류 이전에 '현재 무슨 일이 일어나고 있는가'를 알기 위해서도 '가시화'는 필요한 일이다. 공장에서 생산 공정 관리를 해본 적이 있는 독자라면, 오늘날 생산 관리에서 센서는 필수라는 사실을 잘 알고 있을 것이다. 스마트폰의 배터리 잔량, 체중계, 온도계, 줄자 등 일상생활 속에서도 다양한 '가시화'가 이루어지고 있다.

이처럼 '가시화' 자체는 이미 일반적인 일인데, 굳이 이번 장의 주제를 가시화로 선정한 데에는 이유가 있다. '분류'와 '예측'을 살펴보기 전에 먼저 이해해둬야 할 기본 기능이 '가시화'라는 것도 있지만, 무엇보다도 전류계, 저울, 온도계, 줄자 등의 센서로 직접 측정 가능한 값만이 가시화의 대상인 것은 아니라는 사실을 깨달았으면 하기 때문이다.

가령 가구에 못질하다가 위험하다고 느낄 때, 팀원과 호흡이 잘 맞아서 업무가 즐겁다고 느낄 때, 왠지 출근하기 싫고 기분이 울적할 때의 심리 상태와 감정을 가시화할 수 있다고 하면 쉽게 믿을 수 있을까?

언뜻 보기엔 그런 것을 '측정'하기는 어려울 것처럼 보인다. 물리적인 측정값을 다루는 센서로는 알아내기 힘든 대상일 것 같기 때문이다. 하지만 그러한 심리 상태도 어떤 징후를 찾아냄으로써 물리량으로 가시화할 수 있다. 또한 기계 학습 알고리즘을 사용함으로써 대단히 미세한 징후를 찾아낸다거나, 방대한 정보 속에서 쉽게 힌트를 찾아낼 수 있다.

이번 장에서는 자세히 다루지 않겠지만, 가령 트위터에 올라온 글이나 위키피디아 편집 이력 등을 바탕으로 특정 기업에 대한 세간의 '인상'을 가시화할 수 있다. 더 실리적인 응용 사례를 들자면 주가가 반응하기 전에 특정 기업에 대한 인상을 가시화하여, 그 정보를 트레이더에게 판매하는 서비스가 있다. 이것도 인터넷상에 올라온 방대한 감정 표현, 이모티콘, 긍정적·부정적 표현 등의 정보를 통해 알아내는 방식인데, 오직 기계 학습을 통해서만 실현 가능한 일이다. 왜냐면 인터넷에 올라온 온갖 글을 어떤 식으로 판단할지 미리 프로그램으로 다 정의하기란 불가능하기 때문이다.

이번 장을 통해 여러분은 무엇을 가시화하고 싶은지, 어떤 식으로 가시화하면 되는지 등의 아이디어를 얻을 수 있을 것이다.

Case1 혼다기연공업: 인터내비

혼다는 왜 차를 센서로 삼았는가?

제1장에서도 언급했던 혼다기연공업의 인터내비를 자세히 살펴보자. 인터내비란 2003년부터 시작된 데이터 서비스로, 차에서 각종 데이터를 취득·축적함으로써 정체 구간을 우회하도록 안내하고 도로 상황을 내비게이션 화면에 표시하는 등의 기능을 제공한다.

일반적인 내비게이션도 VICS(일반재단법인 도로교통정보통신 시스템센터에 의한 도로교통정보통신 시스템Vehicle Information and Communication System) 정보를 통해 정체 상황과 도로 공사 정보 등을 알아낼 수 있기는 하지만, 인터내비의 가장 큰 특징은 자동차 자체를 센서로 삼았다는 점이다. 즉, 실제 도로를 달리며 모은 정보까지 활용할 수 있다. 2013년 6월 시점에서 56억 킬로미터, 다시 말해 지구를 약 14만 바퀴 돈 만큼의 주행 데이터를 축적했다고 한다.[8]

VICS에 이미 교통 정보가 포함되어 있는데, 왜 굳이 자동차를 센서로 이용해야 할까? 가장 큰 장점은 대단히 세세한 정보까지 모을 수 있다는 점이다. VICS는 주요 도로와 고속도로밖에 지원하지 않지만, 자동차 자체를 센서로 이용하면 그 차가 지나간 도로의 정보를 수집할 수 있다. 또한 VICS와 달리 개별적인 차의 위치, 시간, 속도 정보를 수집함으로써 차선별 상황이 각각 어떻게 다른지도 알수 있고, 거점 간의 평균 이동 시간을 측정하면 더욱 정확하게 도착 예정 시각을 계산할 수 있다.

기존 교통 정보는 차의 흐름을 거시적으로만 파악할 수 있으나, 인터내비는 각 차의 개별적인 거동을 파악할 수 있다는 점 때문에 도로 행정 분야에서 특히 유용하게 쓰일 수 있다. 인터내비를 탑재한 차가 급브레이크를 밟으면 ①감속 시작 지점 위치, ②차량 진행 방향, ③급브레이크의 세기를 나타내는 감속도, ④발생 일시라는 네 가지 정보가 서버로 송신된다.

모든 급브레이크에 대해 이러한 정보를 축적해 두면, 급브레이크가 많이 발생하는 장소를 정확히 알아낼 수 있다. 2007년부터 일본 사이타마현은 혼다와 제휴하여 그러한 위험 지역을 정량적으로 망라하는 작업을 시작했다. 지도상에 설정한 한 변의 길이가 50미터인 사각형 내에서 같은 방향으로 급브레이크가 5번 이상 발생했다

혼다와 사이타마현이 만든 급브레이크 지도

데이터(가시화 처리 전)
급브레이크가 발생했을 때 기록되는 정보

경도	위도	방위	감속도	발생일시
139.791919	35.848056	15	0.39	200810010716
139.829072	35.771850	8	0.35	200810010722
139.751103	35.775389	3	0.35	200810010823
139.509217	35.766717	14	0.35	200810010823
139.585658	35.788028	5	0.38	200810010833
139.594033	35.795375	7	0.35	200810010900
139.649906	35.832475	15	0.35	200810010927
139.597803	35.772211	4	0.36	200810011006
139.623228	35.768886	8	0.37	200810011016
139.516044	35.750731	2	0.35	200810011100
139.819758	35.795061	4	0.37	200810011103
139.680675	35.763903	15	0.35	200810011129

출처: 사이타마현 현토정비정책과(도로 행정 세미나 20111년 5월)

면, 그곳을 '급브레이크 다발 지역'으로 정의하여 현장 조사를 수행했다. 그 결과 다음과 같은 발생 원인을 찾아냈다고 한다.

- 속도를 내기 쉬운 도로 구조(다차선 도로, 긴 직선 도로 등)
- 앞을 내다보기 힘든 커브(커브 끝에 있는 교차로 등)
- 교차 도로가 가로수나 식수에 가려져 잘 보이지 않음
- 입체 교차 후에 나오는 합류 지점이나 교차로
- 형태가 복잡한 교차로(입체 교차, 5차로 등)

만약 급브레이크에 관한 데이터가 없었다면, 실제로 사고가 일어나고 난 후에 대책을 마련해야 했을 것이다. 혹은 인해전술로 사고 발생 예상 지역을 파악할 수도 있지만, 대신 어마어마한 비용과 오랜 조사 기간이 필요했을 것이다.

그리하여 가시화한 급브레이크 다발 지역에서 전반적인 현장 검사와 대책 마련에 힘쓴 결과, 2007년부터 2011년까지 위험 지역에서의 인명사고 횟수가 20%나 줄었다고 한다. 원본 데이터는 숫자의 나열이므로 사람이 직접 보고 해석하기는 어렵다. 따라서 사람이 해석하기 쉬운 형태로 데이터를 가공하는 작업을 '데이터 가시화'라고 한다. 데이터 가시화 방식은 아주 다양한데, 이번에 소개한 혼다의 사례에서는 차에서 얻은 데이터를 지도에 겹쳐서 표현하는 '매핑'이라는 수법이 쓰였다.

또한 혼다는 데이터를 가시화할 뿐만 아니라 내비게이션의 음성 시스템을 통해서도 운전자에게 정보를 제공하고 있다. 이를 위해 '수집한 데이터를 분석', '분석 결과를 각 차에 송신', '결과를 문장으로 변환하여 음성으로 표현'과 같은 식으로 단계적으로 데이터를 활용하고 있다. 두 번째와 세 번째 단계에서는 데이터 분석이 아닌 다른 분야의 기술이 쓰이기는 했지만, 데이터 전문가라면 이에 관해서도 알고 있어야 한다. 왜냐면 분석 결과를 출력하는 방식을 맞춰야 하기 때문이다.

가령 지자체에 판매할 급브레이크 관련 데이터를 만들 때는 각

인터내비에 의한 급브레이크 다발 장소 가시화와 개선 작업

위: 가로수를 정비함으로써 좌회전 시의 시야를 개선했다.
아래: 감속 유도 노면 표시를 마련했다.

출처: 사이타마현 현토정비부 도로정책과(도로 행정 세미나 2011년 5월)

교차로에서 급브레이크가 걸린 횟수를 집계한다. 이 데이터를 그대로 네비게이션에 송신하면 운전자에게 음성으로 "이 교차로에서는 급브레이크가 잦습니다. 조심해 주세요"라고 알려줄 수 있다. 또한, 똑같은 데이터를 이용해 급브레이크가 많이 일어나는 지역을 내비게이션 지도 위에 표시해주면 눈으로도 보고 확인할 수 있다. 이처럼 같은 데이터도 다양한 방법으로 활용할 여지가 있다.

애초에 데이터를 선택하는 센스도 중요하다

가시화의 구체적인 방법론 외에도 눈여겨볼 만한 부분이 이번 사례에 있다.

필자가 보기에 이 서비스에서 특히 칭찬할 만한 부분은 '가시화하고 싶은 현상을 기존에 없던 데이터를 이용해 실현했다'는 점이다. 만약 어느 교차로가 위험한지 조사하라는 지시를 회사에서 받았다면, 보통은 교통사고 통계부터 조사할 것이다. 사고가 자주 나는 교차로는 당연히 위험할 테니 '어느 교차로가 위험한가?'라는 질문의 답이 될 수 있다. 하지만 이번 사례에서는 사고 통계가 아니라 차량 가속도 센서의 데이터에 주목했다. 교통사고가 자주 나는 장소에서는 아슬아슬하게 사고 직전까지 가는 상황도 많을 것이고, 이때 급브레이크도 많이 밟을 것이다. 따라서 브레이크가 작동한 위도, 경도, 방향, 감속도 등의 데이터를 활용하면 굳이 옛 통계자료를 찾아보지 않아도 위험한 구간을 찾아낼 수 있다.

이처럼 데이터 가시화 실무를 할 때는 '보기 쉽게 가공하는' 작업도 중요하지만, 그 못지않게 '애초에 어떤 데이터에 주목하는가'도 대단히 중요하다. 이다음에 소개할 고마쓰, 조지루시, 히타치의 사례에서도 똑같다. 일단 현재 가지고 있는 데이터부터 제대로 정리해서 보여주겠다는 자세는 성실해 보여서 호감이 가기는 하지만, 때로는 시야를 좁히는 원인이 되기도 한다.

취득·이용할 수 있는 데이터는 나날이 늘어나고 있다. 그동안 존재하지 않았던 데이터가 판매되기도 하고, 트위터 등의 민간 기업이 자신들이 수집한 데이터를 팔기도 한다. 센서의 크기가 작아지고 가격이 획기적으로 저렴해진 데다 전지의 성능도 나아진 결과 수많은 센서가 쓰이기 시작했으며, 이에 따라 데이터를 둘러싼 환경도 변하고 있다.

되도록 자주 다음과 같은 고민을 해보자.

'지금 있는 데이터로 충분한가?'

'데이터의 양과 질은 충분한가?'

'근접 지표가 될 만한 데이터는 없는가?'

'더 효율적인 데이터 소스를 만들 수는 없을까?'

'다른 데이터를 살 수는 없을까?'

확실한 목표를 정하고 프로젝트를 시작할 때 정기적으로 위 내용을 팀 단위로 고민해보는 것도 효과적이다. 위와 같은 노력을 그냥 가볍게 보아 넘기는 일이 많지만, 이는 데이터 GM(제6장 참조)의 중요한 스킬 중 하나다.

Case2 고마쓰제작소: 콤트랙스

콤트랙스의 혁신성

다음으로 소개할 사례는 제1장에서도 언급한 고마쓰제작소의 콤트랙스KOMTRAX다. 콤트랙스는 건설용 중장비에 센서와 통신 칩을 탑재함으로써 그 장비가 지금 어디에 있고 어떤 상태인지 파악할 수 있는 시스템이다. 사실 이러한 시스템은 생각보다 오래전부터 존재했는데, 무려 1998년까지 거슬러 올라갈 수 있다.

당연한 사실이지만 건설용 중장비는 대단히 비싸다. 싼 것도 수백만 엔은 하며, 특수한 것이면 억 단위로 넘어간다. 또한 개인 기호를 위한 소비재가 아니라 비즈니스를 위한 생산재라는 측면도 있다. 따라서 망가지거나 일시적으로 동작하지 않기만 해도 수리비용이

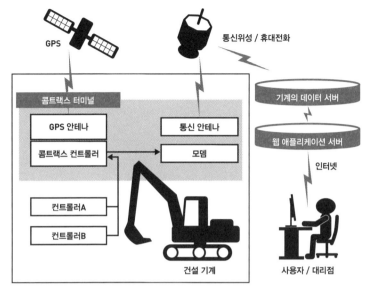

콤트랙스의 구조: 센서와 통신 단말을 통해 차량 데이터를 송신한다

GPS

통신위성 / 휴대전화

콤트랙스 터미널

GPS 안테나

통신 안테나

콤트랙스 컨트롤러

모뎀

기계의 데이터 서버

웹 애플리케이션 서버

인터넷

컨트롤러A

컨트롤러B

건설 기계

사용자 / 대리점

출처: 고마쓰건기판매주식회사 홈페이지

들 뿐만 아니라 매상 손실과 공기 지연 등의 경제적 손실이 생긴다. 고장뿐만 아니라 도난도 문제다(크기가 매우 크다 보니 의외겠지만, 옛날에는 곧잘 도난 사고가 일어나곤 했다). 피해 금액이 워낙 크다 보니, 그러한 위험 부담과 경제 손실을 줄일 수 있다면 경쟁에서 유리해질 것이다.

이를 위해 고마쓰에서는 무엇을 했을까? 망가지지 않도록 설계를 바꾼다거나, 더 튼튼하게 만든다거나, 도난당하지 않도록 자물쇠를 채우는 등 하드웨어에 투자하는 방법도 물론 유용하다. 하지만 고마쓰는 다른 경쟁사보다 먼저 데이터를 이용한 대책을 내놓았다.

콤트랙스를 통한 차량 현재 위치 파악

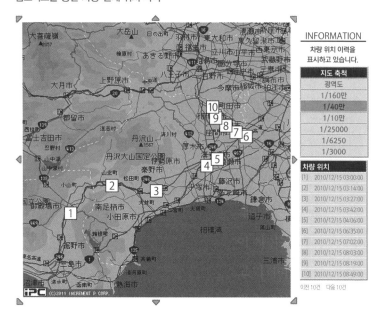

출처: 고마쓰건기판매주식회사 홈페이지

　　우선 도난 방지 면에서는 GPS를 달아 두면 차량이 어디 있는지
는 쉽게 알 수 있다. 설령 누가 훔쳐 갔다고 해도 바로 위치를 알 수
있다는 뜻이다. 또한, 원격 조작으로 엔진에 시동이 걸리지 않도록
잠가버릴 수도 있다. 다소 기묘하지만, '중장비를 훔치는 사람 처지
에서' 한번 생각해 보자. 건설용 중장비를 보관한 장소를 찾아내서
인력과 차량을 동원해가며 훔쳐냈다 해도, 안 그래도 커서 눈에 띄
기 쉬운데 GPS로 위치까지 밝혀지면 금방 덜미가 잡힌다. 게다가
엔진 시동이 걸리지 않는다면 훔쳐봤자 무용지물이다. 실제로 콤트

랙스를 도입한 후로는 고마쓰의 중장비가 도난당하는 일이 많이 줄었다.

데이터 활용 범위는 연쇄적으로 확대된다

데이터를 활용할 수 있다는 사실을 확인하고 나면, 조직 내에서는 연쇄적으로 다른 활용방안을 모색하며 데이터 활용 수준이 갑자기 높아질 때가 있다.

가령 고마쓰에서는 원래 건설용 중장비의 위치 파악부터 시작했지만, 현재는 가동 상황 가시화, 보수 점검 효율화, GPS를 통한 자동 운행 등 여러 방면으로 진화했다. GPS에 의한 위치 정보뿐만 아니라 가동 정보도 알 수 있다면, 가령 "엔진은 100시간이나 켜져 있었는데 실제로 가동한 시간은 60시간뿐이었다"라는 식으로 운전자에게 에너지 절감 요청을 할 수도 있다. 또한, 고마쓰는 여러 고장 데이터를 바탕으로 "이 데이터를 보니 장비 상태가 안 좋은 것 같다. 기능이 정지하기 전에 이 부품을 교환해야 한다"라는 식으로 고장이 나기 전에 미리 고객에게 조언하기도 한다.

하향식으로 이루어진 고마쓰 개혁

고마쓰에서는 안자키 사토루 전 사장이 정보화 추진이라는 강력한 방침을 밀어붙였기에, 여러 방면에서 데이터 활용 전략을 빠르게 진행할 수 있었다. 하지만 그런 강력한 리더십은 생각보다 보기 드물다.

지금이야 차량에 전자기기가 달린 것은 당연한 일이지만, 안자키 씨가 사장으로 취임한 1995년에는 휴대전화 보급률이 10%도 되지 않았다. 단기적으로는 수익이 대폭 줄어드는 일이다 보니, 강력한 리더십이 없으면 IT라는 (당시에는) 불확실한 기술에 투자하기는 어려웠을 것이다. 실제로 다른 중장비 제조업체에서는 한참 후에나 뒤늦게 IT에 투자하기 시작했고, 그때 고마쓰는 이미 기술적으로 우위에 서 있었기에 고수익을 유지할 수 있었다.

데이터 과학에 투자할 때 이런 강력한 리더십이 있다면 당연히 좋겠지만, 그렇지 않은 상황에서도 방법이 없는 것은 아니다. 하향식이 아니라 상향식으로 데이터 과학을 활용해 나갈 때는, 일부 기능에만 시험적으로 데이터 과학을 도입해보면 된다. 그 결과를 통해 데이터를 활용할 수 있는 분야를 점차 넓혀 나가고(예: 위치 정보에 더하여 가동 정보와 보수 점검 정보도 활용 대상에 추가한다), 기존에 얻은 성과를 다음 시도에 투자하는 단계적인 프로젝트 추진 방식을 취해볼 수 있다.

조지루시의 훌륭한 착안점

일본에서 '아이팟iPod'이 발매되기 전에 이미 '아이포트i-POT'라
는 상품이 있었다는 사실을 알고 있는 사람이 과연 얼마나 될까?

아이포트는 조지루시마호빙에서 개발한 '통신 기능을 탑재한 전
기 포트'다. 고령자가 혼자 살고 있다면 멀리 있는 가족들은 걱정하
기 마련이다. 아이포트는 전기 포트를 사용할 때마다 '물을 따랐다',
'전원을 껐다' 등의 이용 상황을 메일로 전송해주는 기능을 갖추고
있다.

전기 포트는 수많은 노인이 일상적으로 사용하는 물건이므로 추
가적인 수고를 들일 필요 없이 일상생활에 도입할 수 있다. '먼 곳에

'지켜봄' 핫라인은 멀리 계신 부모님의 상태를 전기 포트 이용 상황을 통해 가시화한다
(오른쪽 네모는 메일 예시)

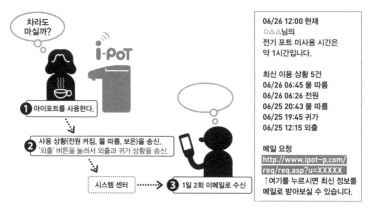

출처: 조지루시마호빙 홈페이지를 바탕으로 필자가 가공

서 사시는 부모님의 건강 상태'라는 모호한 개념을 '전기 포트의 조작 기록'에 주목하여 가시화한 셈이다. 혼다와 고마쓰의 사례와 마찬가지로, 데이터를 가시화할 때 실무적으로 중요한 부분은 '원하는 현상을 가시화하려면 어떤 데이터에 주목해야 하는가'라는 점이다.

피해갈 수 없는 비용 대비 효과 문제의 접근 방식

비용 대비 효과는 가시화 프로젝트에서 거의 반드시 지적받는 부분이다.

가시화란 센서에서 얻은 정보를 사람이 직관적으로 이해할 수 있는 형태로 가공함으로써 의사결정과 판단에 도움을 주는 일이다.

따라서 끊임없이 정확도만을 추구한다고 해서 반드시 결과가 좋아지는 것은 아니다. 오히려 실제 프로젝트를 운용할 때는 상황을 파악하는 데 필요한 최소한의 데이터가 무엇인지 생각해야 한다. 아이포트로 예를 들자면 데이터를 취득하는 빈도를 더 늘릴 수도 있고 물의 양과 수온 등의 정보를 추가로 얻을 수도 있다. 하지만 그런 정보를 추가한다고 해도 '부모님이 건강하신지' 판단하는 데에는 별 도움이 되지 않을 것이다.

급브레이크 지도의 사례에서도 급브레이크가 걸린 시간대, 차종, 총 주행 거리 등의 데이터는 '어느 장소가 위험한가'라는 판단을 내리는 데에는 딱히 필요해 보이지 않는다. 사고가 났다는 사실이 중요하지, 경차가 사고를 냈느냐 트럭이 사고를 냈느냐는 그다지 중요한 정보가 아니기 때문이다. 어떤 장소가 위험하다는 사실만 알고 있으면 '이곳에 주의 표식을 세우자'라는 판단을 내리는 데에는 충분하다. 콤트랙스도 지금이야 기능이 아주 당연하지만, 초기에는 오직 도난 여부만이 중요했다.

기업 내에서 "비용 대비 효과가 클지 의문이다"라는 말이 나올 때는, 먼저 목적이 모호하지 않은지 점검해 보자. 즉 어떤 의사결정을 돕고 싶은 건지, 이를 위해서는 어떤 데이터가 필요한지 등의 목표가 불분명할 가능성이 있다는 소리다.

데이터를 알기 쉽게 보여 달라는 요청을 받았는데 무엇을 얼마나 보여주면 될지 고민될 때는, 비즈니스의 목적을 기억해낸 다음 데이터를 하나씩 추가해 가면서 어느 시점에서 의사결정이 가능한지 알아보자. 의사결정이 가능하다고 판단한 시점에서 데이터 추가를 멈추면 된다.

참조할 데이터를 더 늘리기보다는, 이 데이터를 어떻게 가공하면 의사결정을 도울 수 있는지, 누구에게 보여줄지, 어느 타이밍에 보여줄지 등의 줄거리를 써서 관련 부서에 한번 제안해 보자. 상대가 어떤 의사결정을 내리고 싶어 하는지 생각해볼 기회가 될 것이다.

Case4 히타치제작소: 비즈니스 현미경

의사소통 상태를 어떻게 가시화할 것인가?

흔히 조직을 생물에 비유하고는 하지만, 정작 조직의 성장·쇠퇴 과정이나 건강 상태를 정의하고 진단하는 방법에 관해서는 그다지 잘 알려지지 않았다. 이번에는 그러한 과제에 도전한 히타치제작소의 사례를 소개하겠다.

비즈니스 현미경은 조직 상태를 가시화하기 위한 서비스다. 일본 산업디자인진흥회의 굿디자인상을 받은 것으로 유명하기에 이름을 들어본 독자도 많을 것이다. 이것도 의미를 추출하기 어려운 현상을 인간이 이해할 수 있는 형태로 가시화한 좋은 사례다.

이 서비스의 개발 목적은 조직의 상태, 특히 의사소통 상태의 가시화다. 직장에서 협업에 관한 문제가 생기면 흔히 "의사소통 과정에 문제가 있었다"라는 표현을 많이 한다. 그런데 의사소통이 잘 되고 있느냐를 점검하는 방법은 오직 인간의 주관적인 판단뿐일까?

또한 업무와 상관없는 잡담을 잘하는 그룹에서는 "업무 외에도 서로 잘 소통하고 있다"라고 주장하지만, 잡담을 거의 하지 않는 그룹에서는 이를 비효율적이라고 비난하기도 한다. 실제로 잡담이 의사소통과 작업 효율에 얼마나 영향을 미칠까?

필자가 아는 한, 명확한 근거를 바탕으로 이러한 논의를 한 사례가 그전에는 거의 없었다.

히타치 제작소는 각 사원의 의사소통 상황을 아주 간단한 센서로 수치화한다는 접근 방식을 택했다. 구체적으로 설명하면 직장에서 사원들이 달고 다니는 이름표에 가속도 센서, 적외선 센서, 음성

비즈니스 현미경에서 사용하는 센서: 비즈니스 환경에 자연스럽게 도입할 수 있도록 고민했다.

출처: 히타치제작소 비즈니스 현미경 설명자료

센서를 탑재했다. 회사에서 명찰은 항상 달고 다니는 것이니, 자연스럽게 비즈니스 현장에 도입할 수 있다.

필자도 비즈니스 현미경을 사용하는 기업을 방문한 적이 있는데, 회사 건물에 들어갈 때 받는 보안 카드 정도의 인상이어서 회의할 때도 전혀 위화감을 느끼지 못했다.

이 센서의 기능 자체는 무척 단순해서, 어찌 보면 구식이라고 할 수 있다. 적외선 센서는 거리 2~3미터, 좌우 각도 120° 이내에 다른 센서가 접근하면 서로를 감지할 수 있다. 가속도 센서는 언뜻 보기에 무엇을 측정하고 있는지 알기 힘들지만, 개발자의 설명에 따르면 대화할 때 고개를 끄덕이는 등의 미세한 움직임을 측정할 수 있으므로 누가 화자고 누가 청자인지, 대화를 이끄는 사람이 누구인지, 회의는 활발하게 이루어지고 있는지 등을 알 수 있다고 한다.[9]

그럼 이것으로 무엇을 알 수 있을까? 원래 목적은 조직에서 의사소통이 잘 되고 있는지를 알고 싶다는 것이었다.

86쪽 상단의 표를 살펴보자. 이것은 팀 내에서 정보를 주고받는 모양을 모델로 기술한 것이다. 실선은 빈번한 소통, 점선은 드문 소통, 화살표는 그 방향(두 사람 중 어느 쪽이 화자인가)을 뜻한다. 만약 당신이 팀장1, 2, 3의 상사라면 어떤 생각이 들까?

몇 가지만 발췌해서 설명해보겠다.

우선 팀1은 리더와 각 팀원이 소통할 뿐이지, 팀원끼리 소통하지 않는다. 적어도 명찰을 달고 있는 동안에는 의사소통이 없다고 봐

의사소통 관계와 빈도 가시화: 실선은 빈번한 소통, 점선은 드문 소통, 화살표는 방향을 나타낸다

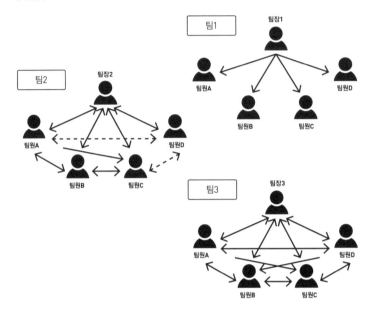

야 한다. 또한, 팀장과 팀원이 대화할 때 팀장이 일방적으로 말하고 있다는 사실도 신경 쓰인다.

팀2는 어떨까? 팀2는 팀1에 비하면 팀원들이 서로 소통하는 편이다. 하지만 빈도를 보면 팀원D는 별로 많이 대화하지 않는다. 그 자체는 문제가 아니지만, 만약 팀원D가 담당하는 업무와의 연계가 부족하거나 중복 작업이 이루어지고 있다면 조직의 효율과 의사소통 상태를 재확인해볼 계기가 될 수 있다.

팀3은 이 조직 중에서는 가장 의사소통이 활발하고 팀장과 회의할 때도 일방통행이 아니라 서로 대화를 나누고 있다.

여기서 위의 표만 보고 의사소통이 쌍방향으로 활발히 이루어지는 팀3이 가장 훌륭하다고 결론을 내리면 다소 의문이 드는 독자가 많을 것이다. 실제로 조직 연구에 따르면 할 일이 분명하게 정해져 있는 직장에서는 오히려 팀1과 같은 상명하달식 구조가 더 효율적이라고 한다.

그래서 실제 조직의 업무 효율과 의사소통 상황을 비교 검증해보았다. 전화 영업을 하는 50~80명 규모의 조직 두 개를 대상으로, 업무 효율(전화로 상품 주문을 얼마나 받아낼 수 있는가)에 무엇이 영향을 미치는지 다양한 관점에서 분석해 보았다.

88쪽의 표는 그 결과를 일부 발췌한 것이다. 콜 센터A와 B를 비교해보면 B가 더 수주율이 높았고, B는 휴식 시간에 활동량(신체적인 동작의 크기)이 많았다는 사실을 알 수 있다.

하지만 이것만 가지고서는 휴식 시간에 활발하게 움직이는 일이 정말로 업무 효율과 관련이 있는지 알 수 없다. 그래서 A에서도 휴식 시간에 활동량을 늘렸을 때 매상이 어떻게 달라지는지 검증해봤다. 그 결과 활동량을 늘렸던 주에는 그렇지 않았던 주에 비해 수주율이 13%나 올랐다고 한다.

목적을 무리 없이 달성할 수 있는 범위 내에서 분석을 엄밀하게

콜 센터 직원의 활동량을 늘리기 위해 실시한 방안이란, 나이가 비슷한 사람끼리 동시에 휴식을 취하도록 한 것이었다.

성적이 우수한 콜 센터B는 콜 센터A에 비해 휴식 시간에 활동량이 많다

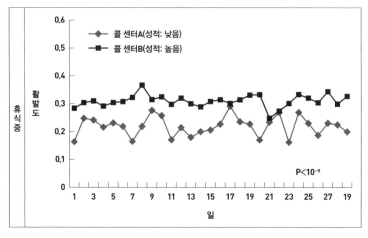

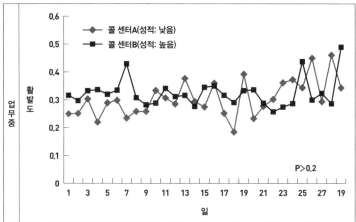

출처: 〈전자정보통신학회지〉 2013년 8월호 서비스 산업 활성화를 위한 측정 추진 소특집 2-4 〈비즈니스 의사소통 측정〉(모리와키 노리히코, 와타나베 준이치로, 야노 가즈오)를 바탕으로 필자가 가공

동시에 휴식을 취하게 하니 활동량이 늘어났다고 하는데, 구체

적으로 왜 수주율이 올랐는지는 알 수 없었다. 단순히 나이가 비슷

한 사람들과 함께 휴식한 덕에 스트레스가 해소되었을 가능성도 있고, 직장이 즐겁게 느껴서일지도 모르며, 전화 상담 비법을 공유했을 수도 있다. 뭔가 이유가 있겠지만, 이를 정확히 알아내지는 못했다. 하지만 비즈니스 현장에서 이루어지는 데이터 분석의 목적은 학문적인 엄밀함이 아니라 실질적인 이득이다. 따라서 과학 논문이라면 반드시 들어가야 할 메커니즘 해명 등이 없어도 딱히 문제 될 것이 없다(이 개선 효과가 얼마나 지속될지 더 장기적으로 연구해보고 싶기는 하다).

데이터 분석을 철저하게 해야 한다는 의무감 때문인지 학술 연구 수준으로 엄밀하게 검증을 하려는 담당자도 있다. 그 마음도 이해할 수 있지만, 엄밀함에 관한 집착이 과하면 앞서 지적한 비용 대비 효과 문제가 불거질 수 있고, 성과보다 수단에만 매달리게 되기도 한다. 그보다는 어디까지나 목적 달성을 위해 필요한 데이터의 종류, 정확도, 양이 얼마나 되는지 생각해보고, 어느 정도 선에서 '만족'할 줄 알아야 한다.

데이터 분석에 관한 얘기를 하면 보통 데이터 가공 방법, 통계용 소프트웨어, 사용하는 언어와 같은 '수단'에 관심이 몰리고는 한다. 하지만 사실은 그보다 더 본질적인 부분에 주목해야 한다. 요리로 비유하자면 맛있는 요리로 사람을 기쁘게 하고 싶다는 목적이 아니라 재료를 자르는 법과 비싼 조리 도구 등 중간 고정과 도구에 관한 이야기만 하는 것이나 마찬가지다.

물론 수단이 중요하지 않다는 말은 아니다. 처음에는 원하는 목적과 성과물이 무엇인지 확실하게 짚고 넘어가야 한다는 것이다.

비즈니스 현미경이 좋은 사례다. 히타치제작소의 기술력은 세계적으로도 유명하지만, 정작 이번에 쓰인 것은 비교적 과거의 기술인 마이크, 적외선 센서, 가속도 센서였다. 센서를 이용해 축적한 데이터도 실시간으로 무선 전송하는 것이 아니라 충전할 때 유선으로 서버에 하루에 한 번 전송한다. 최첨단 데이터 분석 모델을 쓰는 것도 아니다. 그런데도 13%나 수주율을 올릴 방법을 찾아냈으니, 꼭 최첨단 기술과 알고리즘을 써야만 높은 성과를 낼 수 있는 것은 아니라는 사실을 잘 알 수 있다.

제3장

기계 뇌는 분류한다

이번 장에서는 기계 뇌의 '분류'하는 기능에 관해 논하겠다. 2장에서는 '가시화'를 다루었는데, '분류'는 이를 응용하여 방대한 데이터 중에 원하는 것이 있는지 판단하는 일을 기계에게 맡기려는 시도다.

일상생활에서 예를 들자면 제1장에서 언급한 기계학습을 이용한 스팸 메일 필터가 있다. 그밖에도 최근 스마트폰에 탑재된 음성 인식 기능도 대표적인 사례. 어떠한 발음, 음량, 음색으로 무슨 단어, 문장을 입력할지 미리 전부 다 프로그램으로 적을 수는 없기에, 이러한 분류는 기계에게 맡기는 편이 효과적이다.

산업 분야에서 응용한 사례로는 공장의 이물 검출 기능이 있다. 가령 큐피에서는 공장의 원료 검사 장치에 기계 학습을 이용할 수 없는지 본격적으로 검증하고 있다. 원료 공급사가 1,500군데 이상이나 있는데, 기존에는 이를 전부 사람이 눈으로 보고 확인했다고 하니 놀라운 일이다. 현재는 구글이 제공하는 오픈소스 기계 학습 라이브러리인 텐서플로TensorFlow를 이용함으로써 일차적인 이물·불량품 검출 처리를 기계가 담당하고, 기계가 놓친 나머지를 사람이 눈으로 확인하고 있다.[10]

이번 장에서는 분류의 전형적인 사례를 들며 어떤 기술이 사용되었는지 설명하고자 한다. 독자 여러분의 회사에서는 평소에 어떤 분류 작업을 하는지, 이에 관한 판단을 기계에게 가르치려면 어떻게 하면 좋은지 생각해보면서 읽어보기 바란다.

Case5 페이팔: 부정 검출

전 세계의 범죄자가 노리는 결제 인프라를 어떻게 지켜낼 것인가

페이팔은 인터넷 결제 서비스를 제공하는 세계적으로 유명한 대기업이다. 인터넷에서 상품을 살 때 신용카드를 쓸 수도 있지만, 페이팔을 이용하면 신용카드 번호나 은행 계좌 등을 알려주지 않은 채로 결제를 진행할 수 있다. 페이팔 계정에 자신이 입금한 금액 내에서만 결제할 수도 있다. 그래서 누군지 알 수 없는 상대와 거래해야 하는 인터넷 거래에 불안을 느끼는 수많은 사람이 페이팔을 이용하고 있으며, 활성 사용자 수는 2억 명 이상이나 된다(2016년 시점).

하지만 현금 거래를 인터넷상에서 한다는 특성상, 페이팔에 등록한 사용자 중에는 사기 등의 부정한 방법으로 돈을 버는 사이버 범죄자도 존재한다. 오픈DNS에서 조사한 바에 따르면 온라인 피싱 사기 사건 중 약 46%가 페이팔을 이용했다. 이는 2위인 페이스북(약 5%)과 3위인 HSBC 그룹(약 4%)보다 압도적으로 높은 수치다.[11]

부정한 거래가 일어나면 사용자가 아니라 페이팔이 자체적으로 이를 보상해준다. 사용자의 처지에서 생각하면 자기도 모르는 사이에 부정한 방법으로 자신의 계정에서 돈이 빠져나가면 참으로 난감하기에, 페이팔의 정책은 참으로 고맙다. 하지만 이는 즉 부정 거래의 피해액이 그대로 페이팔의 손해로 이어진다는 뜻이다.

또한, 전 세계에서 페이팔이 취급하는 온라인 거래 건수는 24시간당 1,000만 건을 넘는다. 따라서 부정 거래를 검출하고 이를 방지하는 작업이 경영상 얼마나 중요한 업무인지 상상할 수 있을 것이다.

페이팔은 부정 거래 대책에 몹시 심혈을 기울이고 있다. 실제로 2008년에는 부정 검출 서비스를 운영하는 프로드 사이언스를 200억 엔이나 들여서 인수했으며, 데이터 과학을 활용하여 부정 방지에 힘쓰고 있다.

만약 여러분이 근무하는 회사에서 위와 같은 온라인 사기나 부정한 이용자의 공격 등의 문제가 있으면, 어떤 방법으로 이를 검출할 수 있을까? 페이팔이 시행하고 있는 대책은 기업 비밀이다 보니 모든 것이 다 공개되어있지는 않다(방어 수단을 공격자에게 알려줄 수는 없으니 당연한 일이다).

하지만 페이팔의 엔지니어가 쓴 팀 블로그의 글과 이미 시장에

유통되고 있는 방어용 소프트웨어 등을 통해 어느 정도 그 수준을 가늠해볼 수는 있다. 97쪽 상단의 표는 부정 검출 방법의 사례다.

또한, 페이팔은 접속한 이가 사람인지 기계인지 식별하기 위해 세계 최초로 캡차를 상업적으로 활용한 것으로도 유명하다. 다들 97쪽 하단과 같은 그림을 본 적이 있을 것이다.

다만, 이러한 대책을 마련한다 해도 여전히 문제는 남는다. 아무리 방어해도 끊임없이 새로운 공격 방법이 생겨나기 때문이다. 전 세계의 부정 사용자가 앞으로 고안해낼 수많은 위장 수단을 미리 알아내는 것은 불가능하다. 구글 무인 자동차의 사례에서도 언급했듯이, 인간이 모든 상황을 예측해서 프로그램을 짤 수는 없다.

또한 페이팔은 실험실에서 실험하는 것이 아니라 실제 고객에게 서비스를 제공하고 있기에, 부정 사용자일 가능성이 있다고 해서 무턱대고 계정을 정지시켜 버릴 수는 없다. 그런 강경한 정책을 밀고 나가면 순식간에 선량한 고객들까지 페이팔을 외면하고 말 것이다.

이런 상황이야말로 기계 뇌가 활약할 기회다. 앞서 언급했듯이 페이팔 결제는 하루에 1,000만 건 이상이나 돼서, 인해전술을 쓴다 해도 이를 전부 분석하기란 불가능하다. 프롤로그에서 설명한 것처럼 기존의 통계적 수법과 기계 학습의 결정적인 차이는 인간이 규칙을 정해주지 않아도 기계가 알아서 학습하면서 자기 자신을 수정해나갈 수 있다는 점이다. 그 결과 통계적 수법으로는 다루지 못했던 '몹시 다양하지만 종류별 개수는 적은 데이터'도 다룰 수 있게 되

페이팔이 활용하고 있을 것으로 보이는 부정 검출 방법

분류	세부 내용
접속 정보	• 같은 IP주소(인터넷상의 주소)로 몇십 명이나 로그인했다 • 등록한 거주지역과 아주 멀리 떨어진 곳에서 접속했다 • 접속자 위치와 국가가 짧은 시간 만에 바뀐다
사용자 거동	• 인간에겐 불가능할 정도로 빠른 마우스 클릭 조작이 일어난다 • 웹 사이트상에 표시되어있지 않은 링크로 직접 접속한다 • 암호를 입력하는 로그인 페이지로 대단히 빈번하게 접속한다 • 알파벳순으로 상품 페이지에 접속하며, 이를 보는 시간이 1초 미만이다
구매 상품·수량	• 같은 상품을 구매하고 취소하기를 반복한다 • 그동안 주문해왔던 것보다 훨씬 더 많은 양을 구매한다

캡차의 사례

출처: Wikipedia

면서, 기존과는 차원이 다른 정확도를 낼 수 있게 되었다.

부정 거래는 수법이 몹시 다양하고 절대량이 많으며 사람이 미리 공격 방식을 예측하기 힘들기에, 기계 뇌를 활용하기에 안성맞춤이다.

Case6 후지필름/앤섬: 암 분류

언제 어디서든 누구나 숙련된 의사 수준의 진단을 누리기

의료 분야에서 데이터 과학을 활용하는 대표적인 사례로 암 진단을 들 수 있다. 암을 진단할 때는 엑스레이 사진과 세포 검사 등 다양한 검사를 조합한다. 의료 기술이 발전하여 검사할 수 있는 대상이 늘어나면서 점점 더 다양한 정보를 참고하고 있다.

진단의 정확성을 올리기 위한 정보원이 늘어난 것은 기쁜 일이지만, 한편으로 진단을 내리는 의사의 부담이 커진다는 뜻이기도 하다. 가령 컴퓨터 단층촬영CT은 몸속을 단면 사진으로 자세히 관찰하는 검사 방법이지만, 검사 한 번 당 몇백 장이나 되는 사진이 쏟아져 나온다. 의사가 그 수많은 사진을 모두 한 장 한 장 눈으로 확인

유사 증례 검색 시스템 '시냅스 케이스 매치(2.4버전)'

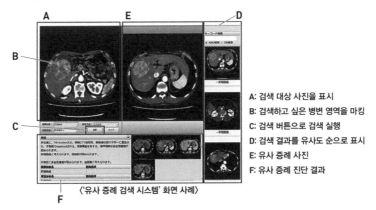

A: 검색 대상 사진을 표시
B: 검색하고 싶은 병변 영역을 마킹
C: 검색 버튼으로 검색 실행
D: 검색 결과를 유사도 순으로 표시
E: 유사 증례 사진
F: 유사 증례 진단 결과

〈'유사 증례 검색 시스템' 화면 사례〉

출처: 후지필름 프레스 릴리스 2014년 4월 7일

하는 일도 불가능하지는 않지만, 의료 현장에서는 한정된 의료 자원으로 되도록 많은 사람을 구해야 한다. 또한 모든 일을 사람 손에만 맡기면 실수로 중요한 정보를 놓칠 수도 있다는 점, 경험이 적어서 아직 진단 기술이 부족한 의사도 있다는 점, 숙련된 의사가 지닌 노하우를 더 많은 사람이 누릴 수 있게 할 방법이 필요하다는 점 등을 연구자들은 꾸준히 지적해 왔다.

이러한 배경 때문에 약 10년 전부터 화상 분석을 통한 암 진단에 데이터 과학을 적용하는 연구가 진행되었고, 일부 상용화된 제품도 존재한다.

가령 후지필름과 시즈오카 암센터가 개발한 시냅스 케이스 매치 SYNAPSE Case Match에는 폐암과 간암 종양의 증례가 1,000건 이상 등록되어 있고, 새로 촬영한 사진의 특징을 알고리즘으로 해석할 수 있다. 이 시스템을 이용하면 의사는 환자의 엑스선 사진과 비슷한 과거의 사진을 참고할 수 있기에 짧은 시간에 훨씬 더 정확한 진단을 내릴 수 있다. 또한 닛폰전기NEC의 전자 병리학자e-Pathologist 시스템도 위, 대장, 유방, 신장 등의 사진을 기존 증례와 비교함으로써 의사의 진단을 도울 수 있다.

그밖에도 유방 촬영 검사(맘모그래피) 정보를 통해 유방암 진단을 하는 알고리즘, 가래 색을 보고 폐암인지 진단하는 알고리즘 등다양한 진단 지원용 알고리즘이 개발되고 있다. 또한, 아직 상용화되지 않은 알고리즘 중에서도 이미 진단 정확도가 인간보다 높은 것도 존재한다.

데이터 과학을 활용한 사례를 살펴보면, 기계가 인간보다 우수한 성능을 발휘해서 기존 전문가를 단번에 대체한다기보다는 이렇게 전문가를 돕는 형태로 활약할 때가 많다.

진단 알고리즘에 투자하는 보험 회사

헬스케어 분야의 사례도 하나 소개하겠다. 앤섬(구 웰포인트)은미국의 대형 보험 회사 중 하나다. 보험은 가입자가 내는 보험료와보험 회사가 내는 환급금의 차액으로 성립하는 비즈니스다. 따라서보험회사는 되도록 보험료를 많이 모으고 환급금을 덜 내야 이득을 취할 수 있다.

원래 보험회사가 내야 할 환급금을 내지 않는 행태가 한때 사회 문제가 되기도 했는데, 앤섬은 애초에 환급금을 내야 하는 상황(건강 상태 악화, 치료비가 많이 드는 병에 걸림)을 예방하는 방법에 주목했다.

이는 의료 종사자가 할 일이지 보험회사의 분야가 아니지 않냐고 생각할 수도 있다. 하지만 일본과는 달리 미국에서는 치료 내용은 물론이고 어느 병원에서 진찰받을 수 있느냐도 각 민간 보험 회사가 결정할 수 있다.

앤섬이 처음 착수한 분야는 바로 암이었다. 미국 암 협회의 조사에 따르면 미국에서 내려지는 암 진단은 1년에 약 160만 건이며, 그중 5분의 1이 잘못되었거나 불충분한 진단이라고 한다.

의료 업계 밖에서는 의외로 잘 모르는 사실이지만, 모든 의료 종사자가 항상 100% 정확한 진단을 내릴 수 있는 것은 아니다. 의학, 그중에서도 특히 암 분야는 대단히 복잡성이 높다 보니 임상의도 항상 최신 연구 결과를 파악하기 위해 끊임없이 논문을 읽어야 한다. 매일 진찰과 치료 때문에 바쁜 와중에 최신 논문까지 챙겨보는 것은 절대 쉬운 일이 아니다. 필자도 임상의를 여러 명 만나봤는데, 그 피나는 노력에 언제나 감탄하곤 한다.

앤섬은 그러한 의사들을 돕기 위해 암 진단 지원 시스템을 제공하기로 했다(IBM과 연계). 더 수준 높은 진단과 치료를 실현하는 일이 곧 보험 회사의 수익 향상에도 이어지기 때문이다.

일본 임상 종양학회에 따르면 도입 초기에 그 인공지능 시스템의 적중률은 50% 미만이었으며, 직접적인 진단에 쓰기에는 정확성이 부족하다는 결론이 나왔다. 하지만 그 후 해당 시스템의 정확성은 크게 향상되었다. 이미 거듭 언급했듯이 기계 학습은 다루는 데이터의 규모가 커질수록 정확성이 급격히 오른다.

데이터 규모가 얼마나 중요한지 알 수 있는 사례를 하나 소개하겠다. 아래 표는 IBM이 위의 암 진단 시스템과 똑같은 방법으로 작성한 인공지능이 성장하는 모습을 나타낸 그래프다(〈제퍼디!〉라는 미국 퀴즈 방송에서 출제된 퀴즈에 인공지능이 답한 결과를 정리한 것이

IBM 인공지능 시스템의 성능 향상

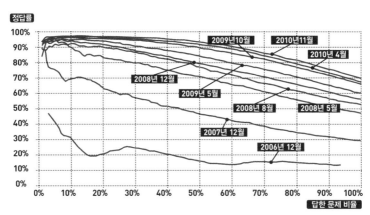

퀴즈 방송 〈제퍼디!〉는 각 문제를 답할지 말지를 선택할 수 있다. 가로축은 전체 중 답한 문제의 비율을 나타내며, 왼쪽일수록 답한 문제가 적고 오른쪽일수록 많은 것이다. 맨 아래 선이 2006년의 성능인데, 가장 오른쪽에서는 정답률이 10%를 조금 웃돌 뿐이었다. 이는 알고리즘이 퀴즈에서 나온 문제 중 90%에 답했을 때는 정답률이 10% 정도밖에 되지 않는다는 뜻이다. 하지만 해가 갈수록 그래프는 오른쪽 위로 올라갔으며, 2010년 11월에는 왼쪽 끝이 거의 100%이고 오른쪽 끝도 70%의 정답률을 보였다.

출처: IBM 발표 자료를 바탕으로 필자가 작성

다). 시간이 지날수록 점점 선이 오른쪽 위로 올라가는 모습을 확인할 수 있다. 이 그래프에는 2010년까지의 정보만 나와 있지만, 이듬해인 2011년에는 방송에서 인간 챔피언을 꺾고 우승했다.

실제 질병 진단을 할 때는 혈액 검사 데이터, 화상 진단 데이터, 환자 문진 결과 등을 분석해야 하므로 퀴즈 방송보다 훨씬 더 복잡하기는 하지만, 그래도 충분히 기계 뇌가 처리할 수 있는 영역이다. 그 후로도 앤섬의 진단 지원 시스템은 꾸준히 학습 데이터를 늘려나갔다. 60만 건 이상의 암 진단 사례와 42가지 의료 저널에 실린 200만 페이지에 달하는 의료 정보를 입력하여, 향후 앤섬에 가입하는 모든 암 환자의 진단에 이 시스템을 활용할 예정이다.

'의료 분야에서 진단 알고리즘이 널리 사용될 미래가 과연 올까?'라고 의심할 시점은 이미 지났고, 이제는 '언제 실현될 것인가?'를 생각할 때다.

일본에서는 국립 암 연구 센터에서 이미 인공지능 '왓슨'을 사용하고 있다. 암 분야는 발전 속도가 매우 빠르다 보니, 환자의 유전자 특성과 진행 정도에 맞춘 치료법을 찾는 데 방대한 시간이 걸린다. 그래서 논문과 특허 수십만 건을 의사가 일일이 뒤지는 것이 아니라, 왓슨이 추려준 정보를 사용함으로써 환자에게 맞는 처방을 쉽고 빠르게 최적화할 수 있다.

이처럼 의료 분야에서 인공지능을 이용할 때는 대체로 인간의 판단을 지원하는 방향으로 활용하는 편이다. 기술적으로는 완전히 자동화할 수 있다 할지라도, 해당 분야 종사자의 반대나 법 제도상의 문제 등이 있기에 기계가 모든 일을 스스로 처리하려면 아직 시간이 더 필요할 것으로 보인다.

Case 7 파친코·카지노 산업: 얼굴 인식 기술

카지노와 데이터의 만남

영화와 드라마를 보다 보면 얼굴 인식 기술을 활용하는 장면이 나올 때가 있다. 가령 CCTV 영상을 통해 잠복 중인 테러리스트를 찾아내는 등, 개인의 얼굴을 식별하기 위한 기술이다. 이번 사례에 서는 얼굴 인식 기술을 파친코와 카지노에서 어떻게 활용할 수 있는 지 살펴보자.

카지노의 비즈니스 모델은 되도록 많은 고객을 자주 방문하도록 유도하고 1회당 수익을 늘리는 방식이다. 따라서 마케팅, 고객 충성도 향상 정책, 상품·서비스 전략 등 일반적인 경영 정책이 펼쳐진다. 데이터 과학 활용도 그 일환이라 할 수 있다.

카지노 업계에서 유명한 선구자로 시저스 엔터테인먼트의 CEO
인 개리 러브맨을 들 수 있다. 시저스는 최초로 뉴욕 증권거래소에
상장한 카지노 기업인데, 시장에서는 다른 경쟁사보다 열세였다. 카
지노 기업은 대체로 호텔도 함께 경영하여 안정적인 수입원으로 삼
는 편인데, 시저스는 자금이 그리 윤택하지 않았다. 고객층의 소득
수준도 경쟁사에 비해 낮은 편인 데다가, 충성도도 그리 높지 않아
서 항상 경쟁사와 비교당하는 처지였다.

러브맨은 이러한 상황에서 최고운영책임자COO에 취임했고, 훗날
최고경영자CEO가 되었다. 그는 경제학 박사 출신으로 컴퓨터 과학
전문가도, 카지노 경영 경험자도 아니었다.

시저스의 당시 상황은 수많은 일본 기업과 통하는 데가 있다. 만
약 여러분이 이렇게 경쟁에서 열세에 처한 회사나 부서를 맡는다면
어떻게 하면 좋을까? 업무제휴를 해야 할까? 은행에서 자금을 빌려
조직 쇄신을 해야 할까? 아니면 해외 진출을 해야 할까?

러브맨은 우선 데이터에 투자했다. 경쟁사와 똑같은 전략으로는
자금력, 고객층, 브랜드의 차이를 뒤집을 수 없기 때문이다. 데이터
를 보고 알아낸 첫 번째 사실은 '만족도가 높았던 고객은 다음에
더 큰 돈을 쓴다'는 단순한 법칙이었다.

그래서 러브맨은 다양한 경영 시스템을 고객 만족과 연관 지어
도입했다. 고객 만족도를 올리는 일을 직원 평가와 급여 체계에 포
함하는 일은 물론이고, 애초에 어떻게 해야 고객 만족도를 올릴 수

있는지 검토했다. 사실 여기까지는 기업에서 흔히 추진하는 표준적인 전략이다.

이다음부터가 러브맨만의 독특한 점인데, 그동안 카지노 업계에서는 VIP를 제외한 다른 일반 고객을 각각 차등 대우하는 일을 엄격히 금해왔다. 러브맨은 그 방침을 폐기하고 고객에 따라 다른 서비스를 제공하도록 했다.

구체적으로는 카지노 등록 카드를 만들 때 수집할 수 있는 '인종', '나이', '주소지의 경제 수준' 등의 정보를 고려하여, 얼마나 손해를 보면 '불만'을 느끼는 사람인지 분류하는 식이었다.

가령 '백인', '40대', '여성', '주소지의 평균 소득이 ○○달러'라면 하루에 잃어도 참을 수 있는 금액을 ○○달러라고 정해 두고, 고객의 손실액이 그 액수에 도달하기 전에 직원이 다가가 조심스럽게 게임을 제지하고 대신 음식점 무료 쿠폰을 제공하는 등의 개별적인 대응을 하는 것으로 유명하다.

데이터 과학에 투자한 결과, 시저스가 내는 수익은 투자액의 약 10배라고 한다. "고객의 주머니 사정을 봐가며 빨아먹을 대로 빨아먹겠다는 심보가 괘씸하다"라며 눈살을 찌푸리는 사람도 있겠지만, 고객별 만족도와 수익성을 최대화하는 접근 방식의 기대 수익성은 높다. 따라서 이러한 정책은 비단 카지노뿐만이 아니라, 개별적인 판단이 특기인 기계 뇌의 보급과 함께 다른 분야에도 확대될 것으로 보인다.

카지노에서 '얼굴'이 지니는 가치

고객을 만족시키는 것은 당연히 좋은 일이지만, 그 배경 기술과 개인 정보를 어떤 식으로 활용하느냐에 따라서는 고객의 반발을 살 위험도 있다. 기계 뇌는 개인별로 최적의 답을 내는 것이 특기인데, 이는 양날의 검이 될 수도 있다는 뜻이다. 0.001초 단위로 개인을 특정할 수 있는 얼굴인식 기술이 대표적인 사례다.

얼굴 인식 기술이 카지노 사업에서 유용한 이유는 회원 카드와 달리 따로 등록하지 않아도 고객을 식별할 수 있기 때문이다. 시저스는 지금부터 10년 이상이나 전인 2002년에 얼굴 인식 기술을 도입했다. 부정행위를 방지할 뿐만 아니라 범죄자 데이터베이스와 연계함으로써 카지노를 더 안전한 장소로 만들겠다는 것이 표면적인 이유였다.

하지만 그동안 카지노가 데이터에 투자해온 역사를 생각해보면, 단순히 보안상의 이유만이 아님을 쉽사리 짐작할 수 있을 것이다. 실제로 카지노 업계에 화상 인식 서비스를 제공하는 기업의 팸플릿을 보면 '보안'뿐만 아니라 'VIP를 놓치지 않는다'는 점도 반드시 강조하고 있다(물론 블랙리스트 고객도 마찬가지일 것이다).

일본 내 파친코 시설에 화상 인식 솔루션을 판매하는 기업도 몇 군데 있는데, 이들도 '얼굴 인식을 통한 파친코 중독 방지'와 '범죄 예방'에 더하여 VIP 식별 기능도 지원하고 있다.

물론 도박은 각국에서 정한 법률과 가이드라인에 따라 관리되고 있으므로, 얼굴 인식 기능이 있다고 해서 '고객에 따라 게임 확률을 조작한다'는 등의 자의적인 조작이 횡행하고 있다는 생각은 지나친 비약일 것이다. 다만 그런 불법 행위를 적발한 사례는 실제로 존재하며, 이는 즉 얼굴 인식으로 개인을 식별하여 개별적인 대응을 하는 일이 기술적으로 가능하다는 뜻이다.

얼굴 인식 기술을 활용한 다른 사례로 페이스북과 구글 포토의 사진 분류 기능을 들 수 있다. 그뿐만 아니라 범죄 수사, 상업 시설에서의 고객 동선 분석, 절도 방지(요주의 인물이 들어오면 자동으로 점원에게 이를 알림), 보안 구역 입장 관리 등에도 이용되고 있다. 약간 별난 사례를 하나 소개하자면, 미국의 온라인 데이트 사이트인 매치닷컴에서는 이용자의 예전 연인들 사진을 바탕으로 비슷한 얼굴을 한 사람을 찾아 추천해주는 서비스를 제공하고 있다.

일본 내에서는 오므론에서 제공하는 서비스가 유명하다. 오므론 홈페이지에 들어가 보면 어떤 분야에서 얼굴 인식 기술이 쓰이고 있는지 잘 정리해놨으니, 한번 접속해보기 바란다.

얼굴은 사람이 서로를 식별하기 위한 단서 중에서도 가장 폭넓게 쓰이는 것이다. 따라서 응용 분야가 광범위하고 몹시 효과적이지만, 한편으로는 감정적인 반발이 일어나기 쉬운 기술이기도 하다.

시저스는 고객 정보를 적극적으로 활용하고 있는데, 어디까지나 법률과 미국 연방 정부의 가이드라인을 준수하며 개인 정보를 이용함을 거듭 강조하고 있다. 현재 일본 국내법에 따르면 개인을 특정

오므론의 얼굴 인식 기술 활용 사례

출처: 오므론 웹 사이트

할 수 있는 이름과 연관된 형태로 저장된 얼굴 사진은 개인 정보로 분류하고 있지만, 익명의 얼굴 사진에는 그러한 제한이 없다(적어도 일반적으로는 그렇게 해석한다). 하지만 얼굴 인식 분야의 영향력이 막대한 이상, 향후 법 규제가 강화되어 갈 것으로 보인다.

제4장

기계 뇌는 예측한다

이번 장에서는 기계 뇌의 예측하는 기능에 관해 이야기하겠다. 이 예측이라는 기능은 이미 수많은 산업 분야에서 활용되고 있다. 유명한 사례로는 할리우드 영화의 흥행 손익을 각본 단계에서 예측하는 에파고긱스와, 산더미 같은 데모 테이프 중에서 가수를 발굴해내는 폴리포닉 HMI 등이 있다. 감정이란 무엇인지, 기계에 감정이 있는지 등의 철학적인 의문은 차치하더라도, '재미'나 '음악성' 같은 대단히 인간적인 분야에서도 기계 뇌를 활용할 수 있다니 참으로 흥미로운 일이다.

인터넷을 통해 물건을 사거나 영화를 보는 사람이라면 추천 상품 기능을 본 적이 있을 것이다. 이것도 예측 기능을 활용한 사례다. 또한, 이하모니와 같은 온라인 데이트 사이트에서도 어느 회원과 어느 회원이 잘 맞을지 예측한 결과에 따라 데이트 상대를 추천한다.

금융 분야에는 주식·채권 등의 가격 동향을 예측하는 수많은 알고리즘이 존재한다. 금융 업계에서 알고리즘을 활용한 역사는 무척 오래되었는데, 무려 1977년부터 미국 증권거래소에서 알고리즘을 이용한 거래가 이루어지고 있다.[12]

헬스케어 분야에서는 건강보험조합에서 진료 기록을 바탕으로 건강 상태를 예측하고 있다. 일본에서는 히타치 건강보험조합의 사례가 유명한데, 가령 어떤 사원이 5년 후에 당뇨병에 걸릴 확률이 어느 정도인지 예측할 수 있다. 건강에 문제가 생길 가능성이 높은 사람이 있다면, 생활 습관을 개선하도록 조언함으로써 질병을 예방할 수 있다.

관공서에서 활용한 사례로는 범죄가 발생할 장소를 예측하여 순찰 경로를 조정하는 군·경찰용 경계 계획 작성 지원 시스템을 들 수 있다. 이는 과거의 사건 발생 경향, 시기, 지형, 날씨 등으로 추측한 결과에 따라 순찰 경로를 최적화하겠다는 시도다. 전력 소비량과 빈집털이의 비율 등 시기에 따라 변화하는 요소를 모델에 포함함으로써 정확성을 높이고 있다.

이번 장에서는 대표적인 몇 가지 사례를 소개하면서 기계 뇌의 예측 기능이 얼마나 널리 쓰이고 있는지 확인해 보도록 하겠다.

Case8 에파고긱스: 영화 흥행 예측

영화 제작에 '예측'이 필요한 이유

"히트작을 내는 노하우 같은 게 있다면 이렇게 고생할 리 없어. 설사 진짜로 그런 노하우가 있다 해도, 절대 활자로 표현할 수 없을 거야."

이는 전 닌텐도 대표이사 사장인 야마우치 히로시의 말이다.

확실히 히트작을 찾아내는 것은 예나 지금이나 절대 쉬운 일이 아니다. 하지만 그 노하우에서 이론을 추출하여 수식으로 만드는 일이 불가능하다고 보지는 않는다. 알고리즘을 이용해서 히트작을 가려내려고 시도하는 대표적인 회사로 에파고긱스를 꼽을 수 있다.

할리우드에서는 메이저 6대 영화사가 영화를 연간 약 20편 제작하고 있다. 광고비를 제외하더라도 영화 한 편당 제작 비용은 평균

6,000만 달러에 이른다. 또한, 어느 정도 유망한 각본이 현실성 있는 수준이 되기까지 1,400만 달러가 든다고 한다. 일본 영화의 평균 제작비인 3.5억 엔과 비교해 보면, 무려 20배나 더 많은 초기 투자가 필요한 거대 프로젝트라고 할 수 있다.

영화 제작은 예술 활동인 동시에 경제 활동이므로, 영화 제작자는 이 어마어마한 투자액을 회수해야만 한다.

에파고긱스는 2003년에 영국에서 창업한 데이터 과학 관련 기업이다. 인공신경망 기술과 독자적인 각본 분석 알고리즘을 통해 영화 제작에 들어간 투자금의 회수 확률을 과학적으로 관리할 방법을 제공해서, 영화 제작에서 빼놓을 수 없는 존재가 되었다.

창업 직후인 2004년에 어느 대형 영화사가 아직 세간에 공개되지 않은 영화 각본 9편을 에파고긱스의 알고리즘을 이용하여 분석했다. 그 후 해당 영화 9편은 모두 공개되었고, 실제 흥행 수익과 에파고긱스의 예측값을 비교해 보니 9개 중 6개의 예측이 적중했다고 한다. 영화사에서는 1억 달러 이상의 흥행 수익을 기대했으나 실제로는 4,000만 달러밖에 벌지 못하고 실망만 안겨준 어떤 영화에 대하여, 에파고긱스의 알고리즘은 4,900만 달러의 수익이 날 것으로 예상했다. 다른 한 편에 관해서도 오차는 겨우 120만 달러였다고 한다.[13]

제품 매상을 예상하는 일은 예전부터 다양한 기업에서 하던 일이지만, 영화 흥행 수익처럼 영향을 줄 만한 요인이 아주 많은 것을 예측하려면 어떻게 해야 할까? 만약 당신이 오늘 그런 프로젝트를 맡았다면 어떤 식으로 접근하겠는가?

에파고긱스의 알고리즘에 관한 추리

여기서부터는 에파고긱스에 관한 강연, 기사, 서적 등을 통해 알 수 있는 정보를 정리하여, 에파고긱스의 알고리즘에 관해 가능한 범위 내에서 해설하도록 하겠다.

여러 매체에서 "각본 단계에서 영화의 흥행 성적을 전문가보다 높은 정확도로 예측할 수 있다"라는 내용을 다루기는 했지만, 그 방법에 관해서는 인공신경망 기술을 사용한다는 정도로 얼버무릴 뿐이었다. 즉, 어떤 훈련 데이터와 피처[14]를 써서 예측한다는 등의 구체적인 내용까지 다룬 기사는 매우 드물었다.

2013년 5월 13일에 손해보험 수학 세미나에서 에파고긱스의 최고경영자 닉 미니가 약 한 시간 동안 강연했지만, 이때도 알고리즘과 훈련 데이터에 관해서는 거의 언급하지 않았다. 다만 전문가가 각본에 매긴 점수를 인공신경망으로 해석하여, 흥행 성적 예측 정확도가 충분히 오를 때까지 각 피처의 가중치를 조정했다는 사실은 알 수 있었다.

피처의 '가중치'란 각 영향 인자가 결과에 끼치는 영향이 '얼마나 큰지'를 나타내는 값이다.

인공신경망에 관해서는 나중에 더 자세히 설명하겠지만, 흥행 수입에 관한 실제 데이터를 이용하여 정확한 예상을 하도록 만드는 일반적인 기계 학습 수법을 이용한 것이다. 이는 '지도 학습'이라고 하는데, 여기서 '지도'란 알고리즘이 정답을 낼 수 있게 계속 지도한 다는 뜻이다.

충분한 훈련 데이터만 있으면 각 피처의 가중치를 최적화하는 것은 어려운 일이 아니다. 인공신경망이든 다른 방법이든, 그러한 계산 알고리즘에 관해 설명한 책도 많고 인터넷에서도 쉽게 정보를 구할 수 있다. 그럼 에파고긱스가 업계에서 대단히 독특한 존재인 이유는 뭘까? 그것은 바로 '전문가가 각본에 매긴 점수'를 구체적으로 어디서 어떻게 입수했냐는 점이다.

이에 관해서는 몇 가지 참고할 만한 정보가 있다.

우선 크리스토퍼 스타이너의 《알고리즘으로 세상을 지배하라》에서는 에파고긱스에 관해 다음과 같이 해설하고 있다.

실제로 알고리즘이 읽어 들이는 것은, 인간이 각본을 읽고 몇백 개나 되는 요소에 관하여 평가한 보고서다. 줄거리 설정, 주인공 유형, 도덕적인 딜레마, 조연 설정, 결말, 로맨스 등 평가할 요소는 얼마든지 있다. 이제는 새로운 각본을 살지 말지 판단하기 위해 포커스 그룹이나 이사회를 소집하여 의견을 나눌 필요가 없다. 그저 평가하여 알고리즘에게 넘기기만 하면 된다. 대단히 천재적인 발상이기는

에파고긱스의 예측 알고리즘

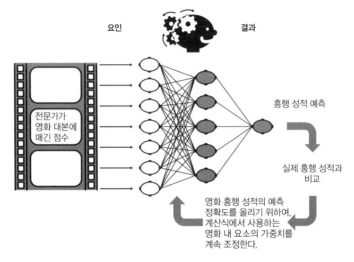

요인/입력	1	2	3	4	5	6	7	8	결과 출력
영화 내의 요소									
a	2	7	6	11	3	8	9	3	$25
b	2	7	6	4	2	8	9	1	$17
c	1	7	6	7	2	7	8	2	$20
d	8	7	6	7	2	7	8	2	$20
e	11	7	6	7	2	7	8	2	$21
f	11	7	6	7	2	7	8	5	$35
g	0	0	0	0	0	0	0	0	예측

출처: Keynote Speech at the Casualty Actuarial Society Seminar in CA by Nick Meaney, Epagogix를 필자가 번역

하지만, 그래도 이 알고리즘을 활용하려면 우선 대사, 줄거리, 구상, 캐릭터 등의 요소에 관하여 인간이 평가한 결과가 있어야만 한다.

이를 보면 전문가가 각본을 줄거리 설정, 주인공 유형, 조연 설정, 결말 등의 요소로 세세하게 나눠서 평가했다는 사실을 알 수 있다. 그럼 이들 각 요소의 중요성을 가늠할 기준이 되는 과거의 수많은 각본에 대한 평가 데이터는 대체 누가 어떻게 마련한 것일까?

이 점에 관해서는 맬컴 글래드웰이 2006년에 〈뉴요커〉에 투고한 〈THE FORMULA〉라는 기사를 참고할 수 있다.

이 기사에 따르면 각본 평가 데이터의 출처는 창업자인 닉 미니의 대학 시절 친구들(에파고긱스 내에서는 경의를 표하여 미스터 핑크& 브라운이라고 부른다)이 만든 데이터베이스라고 한다. 그 데이터베이스는 각본 자체를 요소 단위로 분해하여 주제별로 분류한, 영상의 백과사전 같은 것으로 보인다.

이에 관해 자세히 기술한 부분을 일부 발췌하겠다.

그들은 우선 '트레이닝 세트'라고 불리는 인공신경망 시스템을 준비하여, 미스터 핑크&브라운이 채점한 각본을 이용해 평가 패턴을 인식시켰다. 이때 각본의 패턴뿐만 아니라 흥행 성적도 같이 학습시켰다. 이 인공신경망은 미니가 아는 어느 과학자가 코딩한 것이었다. (중략) 그리고 그는 미스터 핑크&브라운의 채점 결과 데이터를 이용하여 인공신경망 시스템에게 모든 각본의 흥행 성적을 예측하는 훈련을 시켰다.

첫 번째 각본으로 예를 들어보자.

- 주인공의 갈등: 10점 중 7.0 → 700만 달러
- 매력적인 빨간 머리 여자아이가 등장: 10점 중 6.5 → 300만 달러
- 주인공과 4살짜리 남자아이가 함께 나오는 장면: 10점 중 9.5 → 200만 달러

이렇게 채점 결과에 액수를 매겼다.

이런 방법으로 산출한 최종 예측을 실제 흥행 수익과 비교한다. 물론 처음부터 딱 일치할 리가 없다. 가령 2,000만 달러라고 예측했는데 실제 수익은 1,000만 달러였다면, 이번에는 각 평가 기준의 가중치를 바꿔서 다시 계산한다. 이를 반복하다 보면 작품의 흥행 수익을 정확하게 예측할 수 있는 방정식이 완성된다.

다음으로, 첫 번째 작품과 두 번째 작품의 수익을 둘 다 정확하게 예측하도록 방정식을 개량한다. 이러한 방대한 반복 작업 끝에 데이터베이스에 들어있는 모든 작품의 흥행 수익을 정확하게 산출할 수 있는 최종적인 방정식이 완성된 것이다.

이 내용을 통해 알고리즘에 관하여 꽤 구체적인 부분까지 알 수 있다. 에파고긱스는 각본상의 줄거리, 등장인물, 장면 등을 세세하게 피처(요인)로 분해한 것이다. 위 내용에 나온 주인공의 갈등, 매력적인 빨간 머리 여자아이의 등장, 주인공과 4살짜리 남자아이가 함께 나오는 장면 등이 이에 해당하고, 각각을 10점 만점으로 채점했다. 이 평가 작업은 사람이 직접 한 모양이다.

또한, 예측한 값이 실제 흥행 수익과 비슷해질 때까지 각 피처에 대한 가중치를 조정하기를 반복함으로써 인공신경망을 학습시키고 있다. 그 결과 각 요소가 흥행 수익에 얼마만큼이나 공헌했는지 파악한 것으로 보인다.

여기서 가장 인력이 필요한 작업은 바로 각본에 관한 세세하면서도 정확한 평가 데이터를 작성하는 일일 것이다. 그러한 데이터베이스를 처음부터 만들려면 영화의 특징이 될 만한 항목을 최대한 많이 열거하고, 각 항목에 점수를 매겨서 흥행 수익 예측을 반복함으로써 방정식의 정확도를 향상해 나가는 수밖에 없다.

에파고긱스가 실제로 얼마나 많은 각본 분석 데이터를 보유하고 있는지는 공개되지 않았지만 창업자의 친구가 기초를 쌓은 각본 평가 데이터베이스와 과거 10년간 사업을 통해 축적해온 흥행 수익 예측 데이터가 이 분야의 진입 장벽을 이루고 있다는 점은 의심할 여지가 없을 것이다.

에파고긱스가 그러한 우위를 차지하고 있는 이상, 적어도 같은 고객을 대상으로 똑같은 접근 방식으로 경쟁하려 하는 것은 현명한 생각이 아니다.

참고로 2013년에 가장 투자수익률ROI이 높았던 미국 영화 10편을 122쪽 상단 표에 정리했다. 흥행 수익 상위권은 대부분 메이저 6대 영화사의 작품이 점하고 있지만, ROI의 관점에서 보면 꼭 그렇지만도 않다. 그리 머지않은 미래에, 기계가 자동으로 찾아낸 각본

2013년에 가장 투자수익률이 높았던 미국 영화 10편

순위	제목	제작비(만 달러)	흥행 수익(만 달러)	ROI
1	The Purge	$300	$8,100	2700%
2	A Haunted House	$250	$4,000	1600%
3	Kevin Hart: Let Me Explain	$250	$3,200	1280%
4	Despicable Me 2	$7,600	$78,100	1028%
5	MAMA	$1,500	$14,600	973%
6	The Conjuring	$2,000	$19,300	965%
7	Dark Skies	$350	$2,640	754%
8	Spring Breakers	$500	$3,100	620%
9	Iron Man3	$20,000	$120,000	600%
10	Evil Dead	$1,700	$9,750	574%

을 가지고 소규모 예산으로 제작한 영화들이 ROI 랭킹 상위를 독식
하는 날이 올지도 모른다.

Case9 아마존 / 라쿠텐: 구매 예측과 추천

두 가지 협업 필터링 모델

앞의 사례에서는 수많은 영향 인자를 다루는 에파고긱스의 매상 예측 모델을 다루었다. 이번 사례에서는 사용자별 구매 예측 모델을 다루고자 한다. 아마존과 라쿠텐 등이 제공하는 이른바 '상품 추천 기능'이다. 실감 나게 읽어 내려갈 수 있도록, 구매 예측 기능을 구현하는 프로젝트에 직접 참가하는 것처럼 진행해보고자 한다. 지난 절과 마찬가지로, 여기서도 영화로 예를 들겠다.

영화 〈해리 포터〉의 DVD를 빌린 손님은 〈반지의 제왕〉을 빌릴 확률이 높을까? 체인점이 아닌 DVD 대여점 등에서는 주인이 손님들의 대여 이력을 보고 대충 직감에 따라 영화를 추천해주기도 한다. 하지만 고객이 백 명, 천 명, 만 명으로 늘어나기 시작하면 일일이 사람이 영화를 골라주기는 힘들다.

만약 이것이 회사 프로젝트라면 어떤 해결방법을 제시할 수 있을까?

이러한 과제를 기술적으로 해결하기 위해 협업 필터링이라는 모델을 이용해볼 수 있다. 협업 필터링을 아주 단순하게 설명해 보면, 가령 고객 100명 중 90명이 〈해리 포터〉와 〈반지의 제왕〉을 둘 다 대여했다고 해보자. 그러면 이후로는 〈해리 포터〉를 대여한 고객에게는 〈반지의 제왕〉을 추천한다는 것이다. 이 방법은 '아이템 기반' 협업 필터링이라고 한다.

'사용자 기반' 협업 필터링이라는 것도 있다. 이는 대여한 DVD의 종류가 당신과 아주 비슷한 다른 고객을 찾아서, 그 고객이 이미 빌린 DVD 중 당신이 아직 보지 않은 것을 찾아서 추천하는 방식이다.

만약 여러분이 이 추천 자동화 프로젝트의 리더라면 이것으로 만족하겠는가? 그 밖에도 추천 정확도를 올릴 방법은 더 없을까?

어떻게 해야 정확한 추천을 할 수 있을까?

실제로 상용화된 기술을 보면, 대여 이력뿐만 아니라 고객의 행동도 로그로 남겨서 활용한다. 가령 과거에 〈스타워즈〉 페이지를 여러 번 본 고객에게는 〈스타워즈〉 신작이 나왔을 때 추천한다는 식이다. 영화를 좋아하는 사람이라면 DVD를 대여할 뿐만 아니라 실제 영화관에 가서 볼 수도 있는데, 이것도 중요한 정보다.

단순히 DVD 대여 이력만 가지고 추천하면, 그 사람이 정말로 원하는 것을 놓칠 가능성이 있다. 고객의 행동 로그를 이용하면 더 정확한 추천을 할 수 있다.

그럼 대여 이력과 행동 로그만 참고하면 충분할까? 실제로 이 조건으로 추천 기능을 구현했다고 상상해 보자. 인터넷에는 다양한 테스트용 데이터를 공개해놓은 사이트도 있다. 거기서 DVD 대여 이력의 테스트 데이터를 내려받아서 추천 기능에 적용해 보면, 〈해리 포터〉 1편을 대여한 고객에게는 〈해리 포터〉 2편과 3편만 추천하고 말 것이다. 이래서는 그다지 우수한 추천 알고리즘이라고 할 수 없다.

고객은 자신이 이미 알고 있는 작품이 아니라, 전혀 모르는 작품 중에서 자신의 취향에 맞는 걸 추천해주기를 원한다. 어떻게 하면 그런 작품을 추천할 수 있을까?

한 가지 방법은 그 고객과 전혀 상관없는 작품을 추천 목록에 끼워 넣는 것이다. 만약 고객이 그 영화를 클릭하거나 대여했다면, 그 영화에 흥미를 보였다는 뜻이므로 '고객이 좋아하는 작품 목록'에 그 영화를 추가한다. 물론 별생각 없이 눌러본 것일 수도 있으므로, 그 이후로는 한 번도 클릭하지 않았다면 목록에서 빼버려도 될 것이다. 이런 식으로 동적으로 사용자의 로그를 분석함으로써 취향을 더 정확하게 파악할 수 있다.

또한 영화를 카테고리별로 나누는 방법도 있는데, 이때 카테고리를 만드는 방식도 다양하다. 흔히 하듯이 액션, 공포 등으로 분류할 수도 있고, 데이터를 바탕으로 카테고리를 만들어버리는 방법도 있다. 가령 사용자의 리뷰를 자동 분석하여 그 상품의 '태그'를 만들고, 그 태그 자체를 카테고리로 활용할 수도 있다. 그러면 사용자의 의견을 반영한 카테고리를 만들어낼 수 있을 테니, 이를 바탕으로 추천하면 더 효과적일 것이다.

이를 실제로 운영한다고 생각해 보면 개선안을 더 찾아낼 수 있다. 가령 사용자의 대여 이력과 웹 사이트의 행동 로그에는 잡음이 섞여 있을 수도 있다. 만약 DVD를 개인적으로 빌린 것이 아니라 회사 업무 때문에 빌렸다면, 그 DVD는 해당 고객의 취향을 유추하는 데 아무 소용이 없을 것이다. 사용자가 실수로 클릭해버린 페이지의 내용을 바탕으로 계속 작품을 추천하는 것도 합리적이지 않다. 그럴 때는 '이 작품을 추천한 근거 데이터를 삭제하는' 기능을 마련해주면, 사용자가 직접 잡음을 제거할 수 있다.

라쿠텐의 사원이라면 어떻게 해야 할까?

한 층 더 어려운 질문을 하겠다. 당신이 아마존 사원이 아니라 라쿠텐 사원이라면, 이 상품 추천 알고리즘을 다르게 만들어야 할 여지가 있을까?

다양한 의견이 있을 수 있겠지만, 필자는 '있다'고 본다. 아마존과 라쿠텐은 비즈니스 모델이 서로 다르기 때문이다. 아마존은 직접 제품을 사 와서 이를 고객에게 판매하는 소매사업자다. 즉 아마존 자체가 점포 경영자라는 뜻이다. 한편으로 라쿠텐은 쇼핑몰이다. 즉, 소비자뿐만 아니라 라쿠텐에서 물건을 파는 소매업자도 라쿠텐의 고객이라는 뜻이다. 라쿠텐은 소매업자에게 매장을 제공하는 쇼핑몰 운영자다(물론 다소 예외는 있지만, 여기서는 단순하게 설명했다).

따라서 라쿠텐에서 추천 알고리즘을 작성할 때는 어느 매장에서 산 상품인지도 고려할 것이다. 매장 중에도 우수한 곳과 그렇지 않은 곳이 있으며, 고객 생애 가치[15]도 다르다. 따라서 고객 생애 가치가 높은 사람이 운영하는 매장의 상품을 더 우선해서 추천하도록 조정할 수 있다. 또한, 같은 매장에서 여러 상품을 사면 배송료를 아낄 수 있다. 어차피 다른 물건을 더 살 것이라면 지금 선택한 가게에서 사는 편이 낫기에, 추천 상품을 살 확률이 높을 것이다.

이처럼 같은 상품 추천 기능을 만든다 해도 비즈니스 모델이 서로 다르면, 검토해야 할 모델이 크게 달라진다는 사실을 알 수 있다. 데이터 과학을 전공했다 해도, 그 힘을 최대한 끌어내려면 비즈니스를 담당하는 팀원과 깊게 의사소통해야 한다는 뜻이다. 고객의 요구사항과 우대 사항에 관한 통찰도 있어야 한다. 비즈니스 쪽 사람도 데이터 과학자에게 비즈니스 과제와 목표를 알기 쉽게 설명할 수 있어야 한다.

Case10 휴렛 팩커드: 사원의 퇴직 가능성

퇴직률을 크게 개선한 예측 모델

기계 뇌의 예측 기능은 회사 외부뿐만 아니라, 회사 내부를 향해서도 적용할 수 있다. 회사 조직 자체를 분석할 수 있다는 뜻인데, 실제로 그런 식으로 활용하는 데 성공한 사례가 있다. 바로 휴렛 팩커드다.

이직률은 업종에 따라 다른데, 휴렛 팩커드의 이직률은 1년간 약 20%라고 한다. 10명으로 이루어진 팀이라면 그중 2년은 이듬해에 이직하는 셈이다. 누가 이직하고 누가 남을지 미리 알 수 있다면, 프로젝트 업무 할당 등의 인력 관리가 더욱 수월할 것이다.

휴렛 팩커드에서는 직원이 이직할 위험성을 '플라이트 리스크'라고 부르며, 이를 수치화하려 시도했다. 결론부터 말하면 예측 모델의 정확도는 상당히 높아서, 실제 퇴직자 중 75%가 플라이트 리스크 상위 40% 안에 들어가 있었다. 이렇게 이직 징후를 포착함으로써, 연간 3억 달러만큼의 수익 효과를 낼 수 있다고 한다.

이직 징후를 객관적인 수치로 파악할 수 있다면, 예측뿐만 아니라 대책도 세울 수 있다.

급여가 많고 승진을 자주 하면 상식적으로 플라이트 리스크가 낮을 것 같지만, 이 모델에 따르면 꼭 그렇지만도 않다는 사실을 확인할 수 있었다. 물론 대부분의 부서에서는 승진이 퇴직 위험성을 줄여주지만, 일부 부서에는 정반대라는 결과가 나왔기 때문이다. 자세히 살펴보니 그 부서에서는 승진해서 책임과 부담이 커지는 데 비해 급여 인상 폭이 너무 작았다. 매니저로 승진했는데 "책임만 커질 뿐이라 정말 힘들어"라고 한숨 섞인 푸념을 하는 직원이 있다 해도, 그 직원의 퇴직 위험성을 수치화하지 않으면 어느 부서에서 그런 문제가 있고 어떤 대책이 필요한지 판단하기 어렵다.

이러한 분석과 대책을 통해 휴렛 팩커드의 퇴직률은 20%에서 15%로 떨어졌으며, 지금도 계속 떨어지고 있다고 한다.

이는 회사의 처지에서 보면 대단히 성공적인 경영 개선이라고 할 수 있다. 필요한 예방책을 적절한 시점에 시행할 수 있으므로 인재 관리 효율은 확실하게 오를 것이다. 하지만 그 회사에 다니는 개인 처지에서는 다소 불편한 느낌이 들 수 있다. 속으로 퇴직하기로 했는데 이를 회사에서 이미 예상하고 있었다면 누구나 깜짝 놀랄 것이다. 반대로 그만둘 생각이 전혀 없는데도 '퇴직 위험성이 높은 직원'이라고 분류 당해서 차별 대우를 받을 수도 있다.

하지만 프롤로그에서도 언급했다시피, 이 책의 목표는 이상적인 미래를 이야기하는 게 아니다. 좋든 싫든 이미 개인의 행동을 예측하려는 시도가 이루어지고 있으며, 성과도 나오고 있는 이상 앞으로도 이러한 연구는 계속 확대될 것이다. 현실적으로 독자 여러분이 속한 조직에서도 이러한 분석을 할(혹은 이미 하고 있을) 가능성이 있을 테고, 여러분이 직접 그런 분석 프로젝트를 이끌게 될 수도 있다.

사내에 초점을 맞춘 예측 프로젝트의 포인트

무언가를 예측하는 프로젝트의 실현 가능성은, 데이터 입수 가능 여부와 기술적인 제약만으로 결정되는 것이 아니다. 특히 사내에 초점을 맞춘 예측 프로젝트라면, 사내 정치와 인사 부서의 개입을 피할 수 없다.

아무리 우수한 수학적 모델을 만든다 해도, 이를 실제 조직에 소속된 사람들에게 적용하지 못하면 아무런 소용이 없다. 그리고 반드시 그 모델로 분석 당하는 사람의 처지에서 생각해봐야 한다. 여태까지 없었던 새로운 수법과 어려운 예측 모델을 제시하면, 이를 쉽게 받아들이지 못할 것이다. 만약 여러분이 프로젝트의 리더라면, 회사 사람들이 던질 다음과 같은 질문에 답하여 그들을 설득할 수 있어야 한다. 필자도 조직 내에서 이러한 '성과를 예상하기 힘든' 프로젝트를 추진하는 일이 얼마나 힘든 일인지 직접 경험한 바 있다.

【자주 듣는 질문】

- 애초에 왜 그런 시도가 필요한가? 여태까지 하던 대로 개인별 이직 위험성을 예상하는 것만으로 충분하지 않나?
- 이번 시도를 통해 기대하는 성과는 무엇인가? 언제까지 그 성과를 얻어야 하며, 내가 뭘 해줬으면 하는가?
- 이번 시도가 필요한 일이라고 치고, 모델은 적절한가? 어느 정도의 정확도를 낼 수 있는가?
- 모델이 적절하다 치고, 어떻게 쓰면 되는가? 사용할 때 주의할 점이나 유용한 활용 방법이 있는가?

복잡한 데이터 과학을 구사한 선진적인 시도를 하기 위해 사내에서 이런 구태의연한 설득 작업을 해야 하다니, 언뜻 보기엔 불합리하게 보일 수도 있다. 하지만 이는 데이터 과학이라는 무기가 아직 생소한 것이기에 꼭 필요한 일이다. 반대로 데이터 과학이라는 새로운 무기에 너무 심취한 나머지 새로운 것에 대한 거부감을 고려하지 않은 채 프로젝트를 진행하다가, 결국 주위의 협력을 얻지 못하고 좌절하고 마는 사례도 많다. 이것이 바로 데이터 과학을 이용한 시도가 단체 경기지 개인 경기가 아니라고 주장하는 이유이며, 아무리 강조해도 지나치지 않은 일이다.

Case11 클라이미트 / 프로그레시브: 보험

데이터 분산 처리 기술이 가능케 한 자동 날씨 보험

데이터 과학을 이용한 프로젝트를 진행한다고 하면, 왠지 세계적으로 유례가 없는 획기적인 알고리즘을 개발해야만 할 것 같은 생각이 든다. 하지만 이는 오해다. 클라이미트 코퍼레이션의 사례를 들으면 그러한 오해가 풀릴 것이다.

옛날부터 기상 예측은 사람들 생활에 커다란 영향을 미치는 중요한 일이었다. 파스칼이 압력의 개념을 제창하기 한참 전부터, 사람들은 다양한 방법으로 날씨를 예측하려 했다. 그럼 오늘날 데이터 과학은 이 분야에 어떠한 변화를 가져다줬을까?

기상 예측과 데이터 과학의 관계를 논할 때 빠질 수 없는 회사가 바로 클라이미트 코퍼레이션이다. 이는 2006년에 구글을 퇴직한 엔지니어들이 세운 회사로, 2013년에 세계 최대의 바이오 농업 제조 업체인 몬산토에 약 1,000억 엔에 팔렸다.

현재는 농지의 생산성 향상에 관한 제안을 하는 것으로도 유명하지만, 원래 클라이미트 코퍼레이션은 데이터 과학에 기반을 둔 자동 날씨 보험을 제공하는 회사였다. 기존의 날씨 보험은 실제로 피해가 발생했다는 근거를 제출해서 인정받아야만 보험금을 받을 수 있었다. 이 과정은 농가의 처지에서는 몹시 번잡했고, 근거를 인정하느냐 마느냐에 관한 갈등도 끊임없이 일어났다.

그런데 클라이미트 코퍼레이션이 제공하기 시작한 '자동' 날씨 보험은 피보험자의 농장이 있는 지역의 날씨를 기록하여 이를 보험금 지급의 기준으로 삼는다. 가령 태풍이 지나갔다면 이 때문에 발생한 손해를 산출하여, 따로 증거를 받을 필요 없이 보험금을 지급해 준다는 획기적인 상품이었다.

기상 예측 자체는 절대 새로운 기술이 아니다. 예측에 사용하는 알고리즘도 클라이미트 코퍼레이션만의 획기적인 발명은 아니었다. 사용하는 데이터도 과거의 일조량, 기온, 풍향 등 기존 일기예보에 쓰이던 것들이다.

오히려 획기적이었던 것은 기술이 아니라 비즈니스 모델이었으며, 이를 가능케 한 요인은 바로 대량 데이터의 분산 처리 기술이었다. 즉 여태까지는 그 누구도 하지 못했던 '개별 농가에 대한 보험금 가격 책정'을 해낸 것이 클라이미트 코퍼레이션이 성공한 비결이었다.

날씨 보험 상품을 제공하려면 날씨로 인해 피해를 볼 확률을 고려해야 한다. 그러려면 전 세계에 존재하는 각 농가의 특정 기후에 대한 위험성을 계산해야 하는데, 이는 어마어마한 계산량이다.

클라이미트 코퍼레이션에서는 하둡Hadoop이라고 불리는, 현재로서는 대중적인 분산처리 시스템을 사용하고 있다. 전 세계의 기상 예측 작업을 컴퓨터 한 대만으로 해내려면 몇 주나 걸릴 수 있지만, 여러 컴퓨터가 나눠서 처리하면 훨씬 더 짧은 시간 만에 해낼 수 있다.

데이터양이 핵심인 자동차 보험

그럼 빅데이터를 이용한 다른 보험 사업에서도 데이터 분산 처리 기술이 필수인 걸까?

아니, 꼭 그렇지는 않다. 빅데이터를 보험에 활용한 대표적인 사례인 자동차 보험에 관해 살펴보자. 이는 반복적으로 위험 운전을 하는 사람과 안전하게 운전하는 사람은 위험성이 다르니 보험료도 다르게 내자는 아이디어다. 이를 실현한 원시적인 방식으로, 주행 거리에 따라 보험료를 바꾸는 방식Pay As You Drive이 있었다. 그 발전형으로 운전 경향에 따라 보험료가 바뀌는 방식Pay How You Drive도 등장했는데, 이는 미국 보험 회사인 프로그레시브가 1998년에 세계 최초로 개발한 상품이다. 이때는 아직 분산 처리 기술도 맹아기였으며, 컴퓨터의 처리 속도도 지금보다 훨씬 더 느렸던 시대다.[16]

자동차 정보는 1초마다 수집한다. 수집하는 정보는 날짜, 시각, 속도, 가속도, 경도, 위도, 주행 거리, 연비 등이다. 그런데 이러한 데이터는 대단히 가볍다. 고객 한 명당 연간 축적되는 정보량이 10MB 정도밖에 되지 않는다고 한다. 1,000엔짜리 USB 메모리도 이보다 훨씬 더 데이터 용량이 크다. 즉, 모든 피보험자의 데이터를 다 모아봤자 얼마 되지 않는다는 뜻이다. 게다가 이는 실시간으로 처리할 필요가 없는 데이터다. 6개월이나 1년 주기로 보험료를 계산할 때만 이용하면 되므로, 빠른 계산이 필요하지 않다. 매일 오후의 날씨를 예측해야 하는 일기예보 시스템보다 훨씬 더 느긋하게 처리할 수 있다는 뜻이다.

오히려 비즈니스상 중요한 것은 실제 위험성에 합당한 보험금을 매기는 일이며, 이를 위해 필요한 것은 처리 속도가 아니라 정확한 예측이다.

자동차 보험의 예측 정확성을 향상하려면 운전 데이터가 필요하다. 날씨 데이터와 달리 자동차의 운전 데이터는 개개인의 것이다 보니, 데이터 판매 회사에서 살 수 있는 정보가 아니다. 따라서 알고리즘의 정교함보다는 데이터 자체의 양이 결정적으로 중요하다. 똑같은 알고리즘을 쓰더라도, 데이터의 양이 많을수록 더욱 정확한 예측을 할 수 있다. 일본 보험회사는 가입자 정보를 공유하고 있기는 하지만, 운전 정보까지 공유하지는 않으므로 이는 비즈니스의 성패를 가루는 중요한 요소다.

단, 운전 정보에 기반을 둔 보험료 책정에는 곤란한 점이 있다. 수많은 가입자가 있는 Pay How You Drive 방식의 보험 서비스를 제공하는 회사에서도, '새로' 가입하는 고객의 보험료는 책정하기 어렵다. 새 고객이다 보니 얼마나 안전하게 운전하는지 알 수 없고, 따라서 보험료를 계산할 방법이 없기 때문이다. 가입자 데이터를 기업 사이에서 공유한다 해도, 이제 막 운전을 시작한 사람이라면 데이터 자체가 존재하지 않는다. 또한, 상용 차량처럼 운전자가 수시로 바뀔 때도 문제다. 물론 이런 상황에서도 데이터의 양이 중요하다는 점은 변하지 않는다.

앞으로는 6개월~1년보다 더 짧은 주기로 보험료를 갱신하는 방법, 자사 보험에 가입하기 전부터 스마트폰 앱 등으로 운전 데이터를 입수해서 보험료를 제시하는 방법, 고객에게 실시간으로 안전 운전에 관한 조언을 함으로써 사고 위험을 줄이는 방법 등을 시도해 볼 수 있다.

똑같이 보험에 빅데이터를 적용하는 사례 중에서도 분산 처리 기술이 중요한 것도 있고 데이터의 양이 중요한 것도 있음을 알 수 있었다. 이러한 광범위한 통찰을 극소수의 천재에게만 맡기는 것은 그다지 현실적인 방법이 아니다. 비즈니스를 성공시키기 위한 열쇠가 무엇인지 찾아내기 위해 연구팀, 기술팀, 비즈니스팀이 연계해야 한다는 점이 중요하다. 다음 장부터는 이를 위한 구체적인 방법을 소개하겠다.

제5장

기계 뇌의 설계 레시피

기계 뇌를 만드는 ABCDE 프레임워크

　기계 뇌는 언뜻 보기에 대단히 복잡하고 어려운 처리를 하는 것 같지만, 사실 '가시화', '분류', '예측'이라는 단순한 기능을 조합했을 뿐이라는 내용을 그동안 알아봤다. 또한, 실제 기업에서 이용한 사례를 살펴봄으로써 어떤 식으로 기계 뇌를 만들 수 있는지 이제는 어느 정도 감이 잡혔을 것이다.

　이번 장에서는 드디어 기계 뇌를 만들기 위한 구체적인 프레임워크에 관해 설명하고자 한다. 프레임워크 자체는 바로 답을 내주지 않는다(요리 책을 사온다고 바로 요리가 완성되지는 않는 것과 같다). 하지만 생각을 정리하는 데 도움은 된다. 또한, 팀에서 프로젝트에 관해 대화할 때 사용할 수 있는 공통 언어의 기능도 한다. 프레임워크를 공유함으로써 지금 의논해야 할 내용의 범위와, 평가 방법 등을 통일할 수 있다.

여기서 소개할 방법은 기계 뇌를 만들 때 생각해야 할 사항의 머리글자를 따서 'ABCDE 프레임워크'라고 부르기로 하겠다.

【ABCDE 프레임워크】

A = Aim(목적)

B = Brain(기계 뇌의 종류)

C = Coding/Construction(프로그래밍 작업, 구현)

D = Data(데이터 선정 및 정비)

E = Execution(실행)

ABCDE 프레임워크

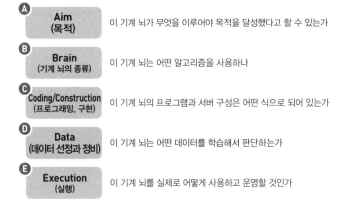

A Aim (목적) — 이 기계 뇌가 무엇을 이루어야 목적을 달성했다고 할 수 있는가

B Brain (기계 뇌의 종류) — 이 기계 뇌는 어떤 알고리즘을 사용하나

C Coding/Construction (프로그래밍, 구현) — 이 기계 뇌의 프로그램과 서버 구성은 어떤 식으로 되어 있는가

D Data (데이터 선정과 정비) — 이 기계 뇌는 어떤 데이터를 학습해서 판단하는가

E Execution (실행) — 이 기계 뇌를 실제로 어떻게 사용하고 운영할 것인가

프롤로그에서도 언급했다시피 현재 기계 뇌를 활용하는 분야가 아주 다양해지면서, 이를 도입하는 데 드는 비용이 줄어들고 있다. 따라서 가까운 장래에 여러분 자신이 기계 뇌에 관한 프로젝트에 참여할 가능성이 충분히 있다. 사실 이 책보다 실제 프로젝트에서 배울 수 있는 점이 훨씬 더 많을 것이다.

하지만 요리를 할 때도 레시피가 없는 것보다 있는 편이 훨씬 더 수월하다. 비록 이번 장이 어떠한 기계 뇌든 만들어낼 수 있는 마법의 레시피는 아니지만, 시대가 바뀌고 기계 기술이 발전하더라도 어느 정도 통용될 기본적인 방법론이라고 할 수 있다.

데이터 과학서의 맹점

데이터 과학에 관한 기술서는 대체로 **Brain(기계 뇌의 종류)**과 **Coding/Construction(프로그래밍 작업, 구현)**에 관해 논하는 책이다. 다시 말해 어떤 알고리즘이 존재하고 이를 어떤 식으로 프로그램으로 구현하느냐를 다룬다는 뜻이다.

하지만 이는 기계 뇌를 실제로 운용하는 프로젝트에서 생각해야 할 내용 중 극히 일부일 뿐이다. 만약 프로그래밍과 데이터 과학에 관한 배경 지식이 없는 사람이 그런 종류의 책을 읽고 프로젝트를 시작하려 하면, 당장 무슨 일부터 해야 할지 몰라서 막막하기만 할 것이다.

실제 프로젝트에서 기계 뇌를 다룰 때 가장 먼저 생각해야 할 사항은 A에 해당하는 **Aim(목적)**인데, 이는 나머지 B, C, D, E를 모두 좌우하는 대단히 중요한 요소다. 다만 실제 프로젝트를 시작할 때는 목적이 모호할 때가 많고, 진행하면서 명확한 목적을 정해야 하는 경우도 많다.

또한, **Data(데이터 선정과 정비)**도 반드시 검토해야 한다. 사례 연구와 교과서에서는 데이터가 미리 주어져 있고, 이를 다루는 방법과 적절한 예측 모델(예측하기 위한 계산 방법과 구조)을 만드는 방법을 자세히 설명하고 나면 내용이 끝나 버린다. 하지만 교과서와 달리 현실에서는 사전에 준비된 완벽한 데이터 같은 것은 없다. 애초에 목적을 달성하는 데 가장 적합한 데이터란 무엇일까? 지금 당장 갖고 있지 않다면 어떻게 입수해야 할까? 또한, 데이터를 가지고 있다 해도 데이터 정제Data Cleaning라고 불리는 표준화 작업을 거쳐야 한다.

Execution(실행)은 그렇게 만든 기계 뇌를 사용하기 위해 어떠한 관련 기관과 교섭해야 하며, 실제 현장에 투입하기 위한 합의를 어떤 식으로 끌어내느냐는 문제다. 이 과정에 관해 다룬 데이터 과학서는 거의 없다.

반대로 실행 부분만을 집중적으로 다룬 창업자 인터뷰 등의 책은 있지만, 그런 책에서는 또 A(목적)부터 D(데이터)까지가 빠져 있다. 따라서 구체적으로 어떠한 의사 결정을 했으며, 뭔가를 얻기 위해 다른 것을 포기해야 하는 이른바 '트레이드오프' 문제를 어떻게 해결했는지 전혀 알 수 없다. 실제로 프로젝트를 진행할 때 필요한 것은 어떠한 데이터를 고려했고, 어떠한 교섭을 했으며, 어떠한 위험 부담을 감수했는지 등의 실질적인 의사결정에 관한 경험이다.

앞으로 다룰 내용에선, A부터 E까지의 각 단계에서 무엇이 가장 중요한지 설명하고자 한다. 먼저 자주 저지르는 실수부터 살펴보고, 이어서 실제로는 어떻게 해야 하는지 설명하도록 하겠다.

편의상 A(목적)에서 E(실행)까지를 각각 별도의 절로 정리했지만, 실제로 프로젝트를 진행할 때는 이를 모두 일관성 있게 디자인해야만 한다. 가령 A(목적)와 D(데이터)는 해야 할 일의 내용을 크게 좌우한다. E(실행)에 관한 제약 사항 때문에 B(기계 뇌의 종류)를 바꿔야 할 때도 있다.

기계 뇌의 설계·제조는 물이 위에서 아래로 흐르듯 일률적으로 진행되지 않으며, 그보다 훨씬 더 유기적이고 복잡한 과정을 거친다.

기계 뇌의 설계 과정은 직선적이지 않고 유기적이다

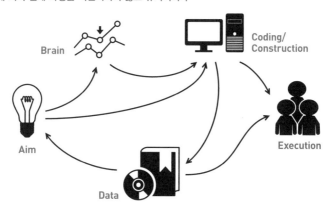

A: Aim(목적)

목적을 정할 때는 'SMART'에 집중해라

자주 저지르는 실수

A(목적) 파트에서 자주 하는 실수는 바로 '모호한 목적을 세우는 일'이다. 그동안 살펴본 수많은 성공 사례와는 달리, 실제로는 분명한 목적 없이 프로젝트를 진행하며 시간과 자원을 낭비하는 일이 몹시 흔하다. 이에 관한 필자의 경험을 다 적으려고 하면 절 하나만으로는 부족할 정도다. 강연회와 컨설팅 현장에서 자주 하는 질문을 몇 가지 소개해보겠다.

"우리 회사는 IT 부서가 따로 독립해서 만들어진 자회사다 보니, 모회사의 데이터를 많이 갖고 있습니다. 계열사에 공헌하기 위해 그 데이터를 활용

해보고 싶습니다. 목적은 최대한 커다란 공헌을 하는 것입니다."

계열사에 공헌하겠다는 동기 자체는 훌륭하지만, 이는 계기일 뿐이지 기계 뇌를 설계하는 목적이라고 볼 수는 없다. 데이터 과학자와 데이터 엔지니어에게 목적 함수의 형태로 설명할 수 있을 정도로 구체적인 목표를 세워야 한다.

"각 영업 사원의 실력이 너무 달라서 고민입니다. 이를 전체적으로 상향 조정하고 싶네요. 모든 영업 사원에게 아이패드를 지급했으니, 그 데이터를 이용해서 어떻게든 해보라는 명령을 받았습니다."

아까보다는 좀 더 구체적이기는 하지만, 이것도 비즈니스의 배경과 사용 가능한 데이터에 관한 통찰일 뿐이다. '영업 사원의 실력을 전체적으로 향상한다'라는 목적도 너무 모호하다.

태블릿 PC를 이용해 온라인 교육을 실시하고 싶다는 것일까? 태블릿 PC로 멋진 자료를 보여주면서 고객 설명을 함으로써 매상을 올리고 싶다는 것일까? 태블릿 PC를 통해 행동 정보를 수집하여, 본사에서 실시간으로 지시를 내리고 싶다는 것일까? GPS로 땡땡이 치는 사원을 찾아내서 경고하고 싶다는 것일까?

무엇을 하고 싶은지 명확히 정하지 않으면 기계 뇌를 구체적으로 설계할 수 없다.

"마케팅 측면에서 SNS상의 시장 동향을 적절하게 파악하여 보고하기 위

해, 데이터 분석을 자동화하고 싶습니다."

언뜻 그럴듯한 의견처럼 들리긴 하지만, 아직 불충분하다. 우선 기업으로서는 보고 자체가 목적이 아니고 그다음에 하고 싶은 일이 있을 것이다. 그건 대체 뭘까?

보고서의 품질을 결정하는 것은 이를 바탕으로 취한 행동이다. 어떤 보고서가 적절하고 어떤 보고서가 부적절할까? 넓은 시점에서 작성했느냐가 중요한 걸까? 아니면 최신 정보를 실시간으로 분석했느냐가 중요할까?

배터리 발화 문제를 최대한 빨리 발견해서 제품을 회수하고 발표하는 등의 대책을 세우기 위한 분석인지, 회사 소개 영상이 인터넷상에서 어떤 식으로 퍼지는지 확인함으로써 광고에 들일 예산을 최적화하기 위한 분석인지, 자사 제품과 유사한 상품을 사용하는 고객들이 평소에 느끼는 불만 사항을 추출하기 위한 분석인지 등 목적에 따라 해야 할 일이 완전히 달라진다.

"고속도로에서 사용 가능한, 장거리 트럭용 자동운전 모듈을 개발하는 것이 우리의 목적입니다. 한 대당 500만 엔 미만의 가격으로 탑재할 수 있도록 하고 싶습니다."

이제 상당히 구체적인 목표처럼 보이는데, 이것으로 과연 충분할까? 실은 그렇지 않다. 만약 여러분이 프로젝트의 책임자라면 이 목표만으로 프로젝트 진행 계획과 일정을 짤 수 있을까?

실제로 해보려고 하면 금방 답을 알 수 있겠지만, 이 목표로는 제대로 된 계획을 짤 수 없다. 왜냐면 기한이 없어서 일정을 정할 수 없기 때문이다. 20년 후의 일본 고속도로 사정을 고려하면 되는지, 3년 이내로 미국 캘리포니아에서 운전면허를 따야 하는지 등 시기에 따라서도 접근 방식은 달라질 수 있다.

물론 현실적으로 생각하면 처음부터 명확한 목적을 정하기는 어렵다. 하지만 그렇다고 해서 모호한 목적을 가지고 프로젝트를 진행하면 언젠가 치명적인 문제에 부닥칠 수밖에 없다.

나중에 설명할 기계 뇌의 모델과 데이터 정비 과정에서는 반드시 트레이드오프가 발생한다(트레이드오프란 주식의 안정성과 성장성과 같이 양립하기 힘든 두 요소의 대립을 가리키는 말이다). 기계 뇌 분야에는 기계 뇌의 정확도와 계산 속도, 데이터의 종합성과 입수 난이도 등 다양한 트레이드오프가 존재한다. 이때 나침반이 되어 주는 것이 바로 A(목적)다. 기계 뇌를 만드는 프로젝트에서 의사 결정을 내려야 할 때마다 팀이 우왕좌왕하는 이유는 바로 A(목적)가 명확하지 않기 때문이다.

신경 써야 할 점

그럼 어떡해야 할까?

이 책에서는 천재 한 사람이 아니라 팀으로 기계 뇌를 개발하는 방식을 제안하고 있다. 즉 여러 사람이 중요한 일을 맡아야 하므로,

다음과 같은 형식으로 직접 목적을 적어 봐야 한다. 이는 아무리 뻔한 내용이라 할지라도 꼭 해야 하는 일이다. 그래야 팀 전체가 오해 없이 명확하게 목적을 공유할 수 있기 때문이다.

- (수단)　　　　　　　○○함으로써
- (대상)　　　　　　　○○을(를)
- (수치 기준)　　　　　○○가 되도록
- (기한)　　　　　　　○○까지 달성한다
- (제약 사항)　　　　　단, ○○이어야 한다

　기계 뇌를 떠나서, 모든 종류의 프로젝트 목표 설계에 활용할 수 있는 말이 있다. 바로 'SMART(스마트)'다. '목표는 스마트하게 정해야 한다'라는 식으로 외워 두면 좋다.

　SMART란 S: Specific(구체적인), M: Measurable(측정 가능한), A: Achievable(달성 가능한), R: Relevant(의미 있는), T: Time Bound(기한 있는)의 머리글자를 딴 말이다.

　이를 이해하기 위해 몇 가지 구체적인 사례를 들겠다(쉽게 상상할 수 있도록 이 책에서 그동안 소개한 기업을 배경으로 삼았지만, 내용 자체는 필자가 꾸며낸 것이다).

　SMART에 포함된 모든 항목이 다 채워져 있다.

　그저 팀장이 "고객이 영화를 더 많이 빌려 보게 만들어야지. 데

수단	고객별, 영화별 데이터를 이용해 각 고객에게 맞춤형 추천 영화를 제시함으로써
대상	기존 고객 한 명당 월간 대여 작품 수를
수치 기준	현재의 1.00건/월에서 1.03건/월로 3% 증가시킨다
기한	이는 6개월 내로 달성한다
제약 조건	• 단 설문 조사 등 고객에 따라 대답할지 말지 알 수 없는 데이터는 사용하지 말고, 현재 존재하는 데이터만을 이용한다 • 4개월 시점에서 시스템 구현을 수반하지 않는 사용자 테스트를 실시한다. 새로운 알고리즘 집단과 기존 알고리즘 집단으로 나누어 비교했을 때, 작품 대여 의향을 보이는 비율의 차이가 6% 이상 있어야 한다

이터는 아주 많으니 한 번 해보자"라고 말했을 때와 비교해보면, SMART 형식으로 적으니 무엇을 이용해서 뭐를 얼마나 언제까지 개선해야 하는지 확실하게 알 수 있다.

위의 예시를 보면 달성 기준은 명확하게 정량화했지만, 어떤 종류의 데이터를 사용하는지에 관해서는 그다지 구체적으로 적지 않았다. 다만 여기서 정해야 하는 것은 어디까지나 목표이므로, 수단에 관해서는 시행착오를 할 범위 정도만 정해두면 될 것이다.

제약 조건에서는 검증 방법에 관해서 언급했다. 이는 6개월 내로 목표를 달성하기 위해 4개월 시점에서 어느 정도 결과를 내다볼 수 있도록 해둔 것이다. 여러 차례 시행착오를 반복해야 하는 프로젝트는 대체로 기한을 맞추지 못하는 편이다. 따라서 기일 전에 확실한 일정을 정해두면 기한을 지킬 수 있는지 가늠해볼 수 있고, 계획을 변경하거나 목표 달성 시기를 재고해볼 수도 있다. 어느 쪽이 되었든 프로젝트 마감 시기가 다 되고 나서야 허둥대는 것보다는 훨씬 더 일정을 조절하기 수월할 것이다.

중간 테스트에서의 달성 비율을 2배로 설정한 이유는, 테스트용 환경과 실제 환경의 차이를 고려했기 때문이다. 가령 테스트 환경에서는 대단히 좋은 결과가 나왔지만, 실제 환경에서는 다를 수 있다.

거듭 강조했듯이, 데이터 과학을 비즈니스에 활용하는 일은 팀 경기다. 따라서 팀의 작업 효율을 올리기 위한 고민과 일정 조정이 대단히 중요하다.

한 가지 더, 고마쓰의 예를 살펴보자. 콤트랙스는 건설용 중장비

고마쓰 제작소 콤트랙스의 SMART한 목적 사례

수단	엔진 소리 데이터를 고장 예측에 활용하고 있는 알고리즘을 개량함으로써
대상	14일 이내로 엔진이 고장 날 것이라는 예측을 제대로 하지 못한 비율을
수치 기준	현재의 5%에서 3%로 줄인다
기한	이는 12개월 내로 달성한다
제약 조건	단 모든 경고 중 허위 경고False Alert가 점하는 비율이 기존보다 더 늘어나지 않아야 한다

의 데이터를 이용해 상태 점검과 자동 운전 등을 할 수 있는 데이터 플랫폼이었다(2장 Case2에서 소개함).

이것도 팀장이 그냥 "고장을 더 정확하게 예측해야 한다"라고 말하는 것보다 훨씬 구체적이다. 적어도 데이터 과학자와 데이터 엔지니어가 각각 무슨 일을 해야 할지 파악하는 데 도움이 될 것이다.

엔진 소리는 지금도 수집해서 활용하고 있지만, 그 정확도를 더욱 올리자는 상황이다. 따라서 데이터 엔지니어는 과거에 고장이 난 사례, 고장 직전에 예방할 수 있었던 사례, 고장 발생 일시, 고장 나기 전의 기계 데이터(엔진 소리 데이터 포함), 고장 나지 않은 기계 데이터 등을 준비할 것이다. 데이터 과학자는 그러한 데이터를 바탕으로 여러 모델 중 어느 것이 좋은지 검토하면 된다.

고장 전 데이터와 고장 나지 않은 기계의 데이터를 준비하는 이유는, 그 차이를 분석해보면 답을 찾을 수 있을 때가 많기 때문이다. 가령 정상적인 기계에서는 나지 않는 소리가 고장 전에 들릴 수 있다.

소리 데이터뿐만 아니라 다른 데이터도 모으는 이유는, 그렇게 해야 분석이 더 수월하기 때문이다.

엔진 소리가 극단적으로 커졌으며, 배기량과 진동과 온도도 올랐다.

→정상 작동

엔진 소리가 극단적으로 커졌지만, 배기량과 진동과 온도는 변하지 않았다.

→ 이상 발생

이렇게 엔진 소리와 다른 데이터를 조합하여 분석할 수 있다. 후자는 엔진이 정상적으로 작동하고 있다면 소리와 함께 커졌어야 할 배기량, 진동, 온도가 오르지 않았으므로, 뭔가 정상적인 상황이 아니라는 가설을 세워볼 수 있다.

제약 조건인 허위 경고에 관해서도 주의를 기울여야 한다. 허위 경고란 경고할 필요가 없는 상황인데도 경고를 내는 것으로, 가령 기계에 딱히 이상이 없는데도 경고음이 나는 상황이다. 이런 일이 자꾸 반복되다 보면, 진짜 경고음이 울렸을 때도 '어차피 또 허위 경고겠지'라고 생각하며 무시해버릴 우려가 있다.

이는 '감도Sensitivity'와 '특이도Specificity'에 관한 문제다. 감도란 정말로 이상이 생겼을 때 이상이 있다고 진단해낼 수 있는 비율이며, 특이도는 이상이 없을 때 이상이 없다고 진단해낼 수 있는 비율이다(153쪽 상단 표). 일반적으로 감도를 올리면 특이도가 떨어지며, 특이도를 올리면 감도가 떨어진다. 물론 감도와 특이도가 둘 다 높은 알고리즘이 가장 이상적이기는 하지만, 그렇지 못할 때는 어느 쪽을 더 우선시할지 고민해야 한다.

즉, 고장을 예측하지 못하는 비율을 5%에서 3%로 줄인답시고 '이것도 고장인 것 같고' '저것도 고장인 것 같다'는 식으로 전부 고

참고: 감도와 특이도의 계산법

	고장 남(True)	고장 나지 않음(False)
알고리즘이 고장이라 진단 (Positive)	○ 진양성(True Positive)	× 위양성(False Positive)
알고리즘이 고장이 아니라고 진단(Negative)	× 위음성(False Negative)	○ 진음성(True Negative)
계산법	감도= 진양성÷(진양성+위음성)	특이도= 진음성÷(위양성+진음성)

장이라고 판정해서는 안 된다는 뜻이다. 실제 프로젝트를 진행할 때는, 전체 경고 중 진짜로 문제가 생긴 사례(진양성, True Positive)의 비율과 사실은 문제가 없었던 사례(위양성, False Positive)의 비율을 어느 정도로 맞출지 팀 내에서 구체적으로 논의해야 한다.

"우리 회사에서는 목적을 정할 때 정말 힘이 많이 듭니다"라는 이야기를 하는 사람이 제법 있는데, 여태까지 살펴본 것처럼 기계 뇌의 목표를 정하는 일은 다양한 전문 지식이 필요한 대단히 어려운 작업이다. 그렇게 세운 목표는 앞으로 조직이 상당한 기간과 노력을 들이며 진행할 프로젝트의 길잡이와 같은 역할을 한다. 따라서 목표를 정하는 데 힘이 많이 드는 것은 당연한 일이며, 충분한 고민과 수고 끝에 신중하게 결정해야 할 일이다. 목표가 없으면 달성도 없다는 사실을 깊이 명심해야 한다.

모델의 트레이드오프를 극복하라

자주 저지르는 실수

모든 도구에는 각각 장단점이 있다. 톱을 써야 할지 망치를 써야 할지는 작업 내용에 따라 달라진다.

B: Brain(기계 뇌의 종류) 단계에서 곧잘 저지르는 실수가 있는데, 그것은 바로 작업 내용과 전혀 맞지 않는 엉뚱한 도구를 골라 버리는 일이다. 망치 등의 공구와 달리 기계 뇌는 물리적인 형태가 없으므로, 잘못된 도구를 골라도 이를 알아차리기 어렵다.

그러한 실수를 저지르는 이유는 크게 두 가지로 나눠볼 수 있다. 첫 번째 상황은 이번 장에서 설명하는 A~E 단계 중 B 외의 내용을 명확하게 정하지 않았을 때다. 그런 상황이면 B: Brain(기계 뇌의 종류)에서 뭘 선택해야 할지 알 수 없다. A: Aim(목적)이 모호하고 E: Execution(실행)도 불분명하면 올바른 도구를 고를 수 있을 리가 없다.

물론 목적과 실행 환경을 어느 정도 상상해서 모델을 선택할 수는 있다. 하지만 이는 '아마도 나무로 된 개집을 지으려는 것이겠지'라고 생각하며 톱을 준비하는 일이나 마찬가지로, 순전히 운에 모든 것을 맡기는 방식이다. 만약 실제로는 비닐로 된 어린이용 수영장을 만들어야 한다는 사실이 밝혀진다면, 톱은 아무 쓸모도 없어질 것이다.

기계 뇌의 설계는 몹시 추상적이고 수준 높은 지적 작업이다. 추상성이 높은 작업에는 이런 눈에 보이지 않는 함정이 무수히 많이 존재하며, 심지어 그런 함정에 빠졌다는 사실조차 인식하지 못할 때가 많다. 톱과 망치로 비유하면 확연히 드러나 보이는 문제지만, 규모가 큰 프로젝트에서는 의식적으로 전체적인 그림을 그려 예의 주시하지 않으면 좀처럼 그런 문제를 눈치채기 어려운 법이다.

두 번째 상황은 A, C~E의 각 단계가 명확하게 정의되어 있고 B에 대한 요구 조건도 확실하지만, 실제로는 이를 지키지 않았을 때다. 특히 B의 선정 기준을 명확히 밝히지 않았을 때 저지르기 쉬운 실수다. 담당 직원 혼자만 선정 기준을 알고 있다면 아무래도 관리가 소홀해지기 마련이다.

팀을 짜서 프로젝트를 진행하는 이상 역할 분담을 하게 마련이지만, 그렇다고 무조건 담당 직원에게만 일임하는 것은 올바른 팀 작업이라고 할 수 없다. 각 팀원에게는 자신이 담당한 업무를 어떤 식으로 처리할 것이며 왜 그 방법을 택했는지 설명할 책임이 있다.

프로젝트 일정과 의사소통 방법 같은 일반적인 안건과 달리, 알고리즘 선정이라는 업무는 데이터 과학자 외에는 내용을 이해하기 힘든 작업이다. 하지만 비즈니스 담당자와 엔지니어도 알고리즘의 선정 과정을 알고 있다는 사실은 확실하게 팀의 강점이 된다. 현재 이런 본질적인 논의를 할 수 있는 비즈니스 담당자는 몹시 적다. 따라서 알고리즘에 관한 지식은 여러분이 경력을 쌓는 데 충분히 도움이 될 것이다.

참고로 데이터 과학자에게 "왜 이 모델을 택했나요?"라고 물어보면 "새로운 모델을 시험해보고 싶었거든요"라고 대답할 때가 가끔 있다. 데이터 과학 같은 논리적인 분야에 종사하는 사람이 '시험해보고 싶은 모델로 문제를 해결해 본다'라는 행동 원리로 움직인다는 사실이 다소 당황스러울 수도 있는데, 이처럼 데이터 과학자의 호기심이 알고리즘 선정에 반영될 수도 있다는 사실을 기억해두기 바란다.

비즈니스 담당자로서는 "업무 요구사항이 있는 안건인 만큼 그에 적합한 모델을 선정해줬으면 한다"라고 말하고 싶겠지만, 그러한 장난기가 뜻밖의 돌파구를 찾아낼 때도 있다 보니 무조건 나쁘게 볼 일만은 아니다.

또한, 특정 모델에 대한 애착이 지나치게 강한 사람도 있다. 가령

"빈도론은 이미 한물갔다. 베이지안이야말로 정답이다"라는 식이다. 방법론에 대한 애착은 지적 탐구라는 측면에서 보면 그리 나쁜 일은 아니지만, 업무 결과를 내야 하는 팀 작업인 이상 데이터 과학자도 수단(모델)이 아니라 목적(업무 결과)을 중시해야 한다. 수단이 낡았든 아니든 목적을 달성할 수만 있으면 아무 상관이 없다. 애초에 특정 모델이 무조건 틀렸다고 생각하는 것 자체가 올바른 자세가 아니다.

어쨌든 '모델 관리는 담당자 한 명에게 맡기고 설명해달라고도 하지 않는다'라는 방침이면 모델 선정 작업의 투명성과 재현성이 명백히 떨어질 것이다. 기계 뇌의 설계를 재현성이 없는 도박으로 삼아선 안 된다. 최종적으로는 데이터 과학자가 모델을 결정한다고 하더라도, 선정 기준에 대한 설명만은 반드시 요구해야 한다.

신경 써야 할 점(기본 편)

B: Brain은 기계 뇌의 종류를 선정하는 단계이다. 이 단계에서는 우선 B를 제외한 A~E를 명확하게 정의함으로써 B에 대한 요구 조건을 파악해야 한다. 다음으로는 데이터 과학자에게 모델 선정 기준을 투명하게 공개해달라고 요청해야 한다. 전문적이고 어려운 내용이라고 이를 방치해 버리면 선정 기준이 불분명해지기에, 해당 담당자가 부서를 옮기거나 퇴직해버리면 금방 팀 전체의 효율이 떨어지고 만다. 극소수의 스타 선수에게만 경기를 맡길 것이 아니라, 재

현성 있는 과학적인 팀 스포츠로서 임해야 한다.

모델에 관해 논의하는 과정에서 B 이외의 A~E의 모호함을 찾아낼 때도 있다. 가령 E: Execution(실행) 단계에서 기계 뇌를 어떤 식으로 사용할지가 명확하지 않다는 등의 지적이 나올 수 있다. 이러한 불분명한 요소 때문에 "이래서는 어떤 모델을 사용할지 정할 수 없다"라는 말이 나올 때도 있다. 하지만 어디까지나 아직 '정하지 않은' 것이지 '정할 수 없는' 것은 아니다. 누군가가 의사 결정을 내리지 않으면 프로젝트를 진행할 수 없으니, 일단 A~E에 관해서는 '아마 이런 식일 것이다'라는 가정을 하고 작업을 진행하자. 그리고 진행 중에 가정과 다른 부분이 보이면 그에 맞춰서 수정하면 될 일이다.

만약 모델 선정을 데이터 과학자에게 일임하지 않는다면, 다른 팀원도 어느 정도 모델에 관해 알고 있어야 한다. 전 세계의 데이터 과학자에 의해 모델은 매일 진화하고 있으므로 공부는 꾸준히 해야 하지만, 현재 이미 모델 선정의 정석이라고 할 만한 것이 존재한다.

정석이기에 아주 간략하게만 정리하자면, 우선 가시화·분류·예측 중 어느 것을 하고 싶은지 정한다. 159쪽 하단 표의 윗부분이 가시화고, 아랫부분이 분류와 예측이다. 다음으로는 '정확도와 간편함' 중 어느 쪽을 택할지 정해야 하는데, 특별한 사정이 없는 한은 정확도와 간편함이 양립하는 모델로 시작해 보자. 만약 문제가 생긴다면 그에 맞춰서 정확도를 중시하는 모델이나 간편함을 중시하는 모델로 바꾸면 된다.

아래 표에 있는 '정확도와 간편함이 양립하는 모델'은 라이브러리라고 불리는 기존 툴이 무료로 공개되어 있다. 우선 이걸로 시험해 본 결과를 가지고 무엇이 문제인지 논의함으로써, 자칫 탁상공론으로 흐르기 쉬운 모델 선정 작업을 의미 있는 논의로 만들 수 있다.

이 그림은 어디까지나 대략적인 느낌을 파악하기 위한 것이다. 각 알고리즘을 심도 있게 이해하고 싶다면 개별적인 전문서를 읽어보

모델 선정의 정석

모델이 하는 작업	데이터 과학상의 분류	간편함을 중시한 모델 (통계 해석 모델)	정확도와 간편함이 양립하는 모델 (기계 학습과 통계 해석의 중간 모델)	정확도를 중시한 모델 (기계 학습 모델)
가시화	[비지도 학습] 모델	• k-평균 알고리즘 • 연관 규칙 • 상관 분석 • 주성분 분석(PCA) • 요인 분석 • 다차원 척도법 (MDS, 수량화 IV류) • 대응 분석	• 클러스터링 (Ward 연결법, K-평균 알고리즘) • 그래프 모형 (구조 방정식 모형, 베이즈 네트워크)	• 자기 조직화 지도 (SOM)
분류·예측	[지도 학습] 모델	• 단순 회귀 분석, 다 중 회귀 분석 • 의사 결정 나무 (CART)	• 랜덤 포레스트 • 인공신경망 • k-최근접 이웃 알고리즘	• 서포트 벡터 머신 (SVM) • 그래디언트 부스팅 모델(GBM) • 딥 러닝 • 협업 필터링

우선 이 모델부터 시험해 보고 문제가 있다면 왼쪽이나 오른쪽으로 이동

※ 엄밀하게 말하면 '지도 학습' 모델도 '비지도 학습' 모델도 아닌 '강화 학습'이라는 제3의 모델도 존재한다. 이는 비지도 학습 모델처럼 '지도'해주는 데이터 없이 계산한다. 한편으로 '정책 함수'라는 것을 작성하여, 해당 함수를 계산한 값이 가장 커지는 방향으로 모델을 수정해 나간다는 점에서는 지도 학습 모델과도 유사하다.
이처럼 모델에는 예외도 많고 다양한 측면에서 기술해야 할 부분도 있다. 하지만 여기서는 일단 모델의 대략적인 종류와 개요를 이해할 수 있도록 최대한 단순하게 분류해 보았다.

기 바란다. 각 모델을 전문적으로 다룬 실용서는 얼마든지 있다.

신경 써야 할 점(데이터 과학 편)

159쪽 하단의 표를 순서대로 설명해보겠다. 우선 가장 왼쪽에 있는 '모델이 하는 작업'인데, 여태까지 살펴본 바와 같이 기계 뇌의 기능은 가시화, 분류, 예측으로 나눌 수 있다. 데이터 과학에서는 가시화할 때 쓰는 모델을 '비지도 학습 모델'이라고 부르며, 분류와 예측을 할 때 쓰는 모델을 '지도 학습 모델'이라고 부른다. 여기서 말하는 '지도'란 데이터를 이용해서 사전에 기계 뇌를 학습시킨다는 뜻이다.

가시화는 정보를 눈으로 볼 수 있게 가공한다거나, 전체적인 경향을 알기 쉽게 표현하는 일이므로 정답이 존재하지 않는다. 가령 신용카드 회사가 카드 사용 이력을 통해 고객들의 유형을 파악하는 가시화 작업은 비지도 학습 모델이다. 고객을 네 종류로 분류해볼 수도 있고, 더욱 세분화할 수도 있다. 가시화한 결과가 옳은지 그른지, 얼마나 정확한지는 객관적으로 평가할 수 없다. 그 결과를 가지고 기업이 정책을 설계하고 실행할 수만 있으면 충분하다.

한편으로 여기서 말하는 분류와 예측은, 모델이 내놓은 답이 실제 데이터와 부합하는지 정량적으로 평가할 수 있다. 또다시 신용카드 회사를 예로 들자면, 카드 사용 이력을 분석하여 '부정 결제를 찾아내는' 분류 작업은 지도 학습 모델이다. 모델이 '이 사용 이력은 부정 결제입니다'라고 특정한 것이 진짜로 부정인지는 고객에게 물어보면 확인할 수 있다. 즉, 정답과 오답이 존재하므로 정답률이 몇 퍼센트인지 점수를 매길 수 있다는 뜻이다.

다음으로 '간편함을 중시한 모델', '정확도와 간편함이 양립하는 모델', '정확도를 중시한 모델'의 차이를 살펴보자.

간편함을 중시한 모델은 기존의 통계학으로 만들어진 것들이다. 통계적 수법이란 데이터를 대략 요약하여 알기 쉽게 표현할 수 있다는 장점이 있지만, 데이터가 지닌 특징을 대폭 잘라내 버리므로 정확도가 떨어진다는 단점이 있다. 서장에서도 언급했듯이, 통계학으로는 다양한 데이터의 평균적인 특징밖에 알 수 없다.

한편으로 정확도 중시 모델은 기계 학습을 이용한 것으로, 데이터가 지닌 복잡한 특징을 제거하지 않은 채로 처리하기 때문에 인간이 그 원리를 이해하기 어렵다. 그 대신 통계적인 수법보다 정확도가 훨씬 더 높다는 장점이 있다.

학문적인 논쟁은 일단 제쳐두고, 실제 현장에서는 우선 중간 모델을 이용해 데이터를 처리해보도록 하자. 모델이 내놓는 답이 기대에 미치지 못했다면 정확도를 중시한 모델로 바꾸면 된다. 반대로 정확도는 충분하지만 처리하는 데 시간이 너무 많이 걸린다거나, 해석이 어려워서 힘들 때는 간편함을 중시한 모델을 이용해보면 된다.

또한, 여러 모델을 조합할 수도 있다. 가령 기계 부품이 고장 날 확률을 예측할 때는 무조건 정확도가 높아야 하므로 기계 학습 모델을 사용하고, 고장 원인을 분석할 때는 통계학을 쓴다는 식이다. 특히 고객사와 협력 회사 등 사외의 이해관계자를 설득할 때 유용하다.

모델의 선택 기준은 다음과 같이 정리해볼 수 있다.

A: Accuracy(정확도)

의사 결정에 활용할 수 있을 정도로 정확한가?

I: Interpretation(해석하기 쉬움)

결과를 인간이 해석하기 쉬운가?

C: Coding/Construction(프로그래밍 작업·구현)

어떠한 시스템, 구조, 방법으로 구현할 것이며, 이는 얼마나 어려운가? 구체적으로는 아래 항목을 확인해 봐야 한다.

- 무료 라이브러리가 풍부하게 존재하는가?
- 유료 소프트웨어밖에 없다면, 이는 얼마나 사용하기 편한가? 라이선스 비용은 얼마인가?
- 라이브러리가 전혀 없다면, 현실적으로 이를 처음부터 만들 수 있는가?
- 유지보수 비용을 감당할 수 있는가?
- 어떤 데이터가 얼마만큼 필요한가?

S: Speed(속도)

결과를 내는 데 시간이 얼마나 걸리는가? 특히 실험 환경보다 데이터양이 많아졌을 때 얼마나 빨리 처리할 수 있는가? 모델 자체의 계산 시간뿐만 아니라, 필요한 데이터를 수집하여 처리하는 데 드는 시간도 고려해야 한다.

트레이드오프의 균형을 찾기 위한 팀 회의 사례

모델의 선정 기준 중, A: Accuracy(정확도)와 나머지 세 개는 트레이드오프 관계다. 모델이 복잡해질수록 I: Interpretation(해석하기 쉬움)는 떨어지고, C: Coding/Construction(프로그래밍 작업·구현)에 비용이 많이 들며, S: Speed(속도)가 떨어지기 때문이다.

실제 기업 활동으로 설명해 보겠다. 가령 의류 판매 회사에서 "고객 수요 예측 시스템의 오차를 다음 시즌부터 ○% 만큼 줄여 달라"라는 요청을 했다고 해보자. 그럼 데이터 과학자와 데이터 엔지니어 팀은 "그럼 다른 어떤 요소를 희생하면 될까요?"라고 되물어 볼 것이다. 물론 가장 이상적인 상황은 다른 요소를 전혀 손상하지 않으면서 정확도를 올리는 것이다.

실제 프로젝트라면 이런 상황에서 어떤 식으로 논의가 진행되는지 설명하기 위하여, 가상의 의류 소매 업체SPA의 사례를 들어 보겠다. 각 팀원이 네 가지 선택 기준에 관한 트레이드오프를 어떤 식으로 해결하는지 잘 살펴보기 바란다.

등장인물은 다음과 같다.

데이터 GM(데이터 제너럴 매니저): 데지마 하지메
올해부터 데이데 GM 역할을 담당한 프로젝트 리더. 서비스 이용률 개선과
고객 확보 등의 비즈니스 목표를 고려하는 한편, 데이터 과학자·엔지니어
와 긴밀하게 의사소통하며 프로젝트 전체를 총괄한다.

대학에서는 경제학을 전공했으며, 입사 후에는 계속 마케팅을 담당해
왔다. 웹 사이트 관련 구매 이력과 접속 정보는 다뤄 봤지만, 프로그래밍에
관해서는 HTML을 조금 만져본 적이 있을 뿐이다.

데이터 과학자: 사이엔 스미코
통계학과 기계 학습에 관한 과학적인 분석과, 툴을 적용할 때의 이론적인
검토를 담당한다. 어려운 모델도 알기 쉽게 설명해주기에 데이터 GM으로
서는 새내기인 데지마는 항상 고마워하고 있다.

학부에서 농학을 전공했지만, 대학원에서는 수학과로 옮겼기에 모델에
관한 통계적인 지식뿐만 아니라 실제 데이터를 다뤄본 경험도 풍부하다.

데이터 엔지니어: 덴 엥겔
영어와 일본어를 섞어서 말하는 독일인 엔지니어. 세 사람 중에서는 가장
어리지만, 초등학생 시절부터 프로그래밍을 해왔기에 어떤 의미로는 가장
경력이 길다. 솔직하게 자기 의견을 말하는 편이다.

베트남에 있는 코딩 팀의 프로그래밍과 시스템 구현 업무를 지휘하며,
비즈니스상의 요건과 수학적 모델의 요건을 바탕으로 실제 프로그램과 서
버를 운용하는 책임자로서 신뢰받고 있다. 본사에 어떤 데이터가 있는지도
잘 알고 있다.

【제조 소매업의 사례】

사이엔 스미코 A: Accuracy(정확도)를 올리기 위해 다른 어떤 요
소를 희생할 수 있느냐라는 뜻이지? I: Interpretation(해석하기 쉬움)
는 어떨까? 지금 쓰고 있는 모델은 랜덤 포레스트라고 하는데, 수많

은 의사 결정 나무들이 다수결을 하는 방식이라서 어느 정도는 사람이 봐도 이해할 수 있어. 랜덤 포레스트 대신 딥 러닝을 이용하면 A: Accuracy(정확도)는 오르겠지만, 대신 그런 식으론 사람이 봐서 이해할 수는 없을 거야.

데지마 하지메 A: Accuracy(정확도)와 I: Interpretation(해석하기 쉬움)는 양립하기 어렵다는 소리군요. 음, 이번에는 I: Interpretation(해석하기 쉬움)를 희생하기는 어려울 것 같아요. 매상 예측 결과는 원단 생산 조절에 쓰일 예정이거든요. 분석은 우리가 하지만, 그 결과를 가지고 실제로 조달할 원단의 시기, 종류, 수량, 금액을 정하는 것은 베트남 공장에 있는 생산 관리부에요. 따라서 그분들께 분석 결과의 근거를 제대로 설명하지 못하면 소용이 없습니다. I: Interpretation(해석하기 쉬움)를 훼손하지 않으면서 A: Accuracy(정확도)를 올릴 방법은 없을까요?

엥겔 그럼 데이터의 양을 늘려서 A: Accuracy(정확도)를 늘려 보면 어떨까? 대신 S: Speed(속도)가 떨어지겠지만 말이야. 현재는 일부 새로운 대형 점포의 POS 데이터밖에 쓰고 있지 않잖아. 이는 전체의 15%에 불과하지. 아예 모든 점포의 데이터를 써보면 어떨까? 데이터가 많을수록 정확도도 높아지는 법이지.

데지마 하지메 좋은 생각 같습니다. 확실히 지금은 신규 점포의 POS 데이터만 가지고 전체 매상을 예측하고 있으니까요. S: Speed(속도)는 어느 정도나 떨어질까요? 몇 시간 정도일까요?

엥겔 그보다 훨씬 더, 아마 1주일 정도 늦어질 거야. 모든 점포의 매상 데이터는 1주일마다 일괄적으로 집계하니까. 모델이 데이터를 처리하는 데 드는 시간이 늘어나는 것이 아니라, 데이터를 집계하는 시간이 문제인 셈이지.

데지마 하지메 아, 그렇군요. 데이터를 집계하는 시간만큼 S: Speed(속도)가 지연된다는 뜻이군요. 1주일은 좀 기네요…….

사이엔 스미코 그런데 좀 신기하네. 왜 굳이 전체 중 15%의 데이터만 가지고 예측하고 있는 거야? 모든 점포에 똑같은 POS 시스템을 C: Coding/Construction(프로그래밍 작업·구현)로 도입하지 못할 이유가 있나?

데지마 하지메 맞아요. 새로운 대형 점포에는 임원이 추진한 신형 POS 시스템이 설치되어 있어요. 그래서 기존 점포와는 C: Coding/Construction(프로그래밍 작업·구현)를 하는 방법이 다릅니다. 신형 POS는 항상 네트워크를 통해 데이터를 전송하지만, 구형 POS는 여전히 집계한 데이터를 폐점 후에 메일로 지역 슈퍼바이저와 본사에 보내야 하거든요. 실은 현재 회장님이 아직 사장이던 시절부터 있었던 기간 시스템이랍니다. 점포 수가 많다 보니, 그 데이터를 집계하는 작업을 매주 본사에서 하고 있습니다.

사이엔 스미코 회사에서 집계 작업은 수작업으로 하고 있어?

데지마 하지메 네, 수작업이 맞아요. 재고 관리용 인트라넷 단말기에 복사해서 붙여 넣고 있습니다. 1주일마다 정보가 갱신된다면, 아무리 A: Accuracy(정확도)가 높아져도 생산 조절에 참고하기는 어렵겠네요. 생산 조절은 매주 이루어지는 데다가, 바쁜 시기에는 일주일에 두 번 월요일과 목요일에 하거든요.

사이엔 스미코 아까 메일로 첨부해서 보낸다고 했지? 메일로 보내는 대신 인트라넷 페이지를 만들어서 그곳에 파일을 올리도록 C: Coding/Construction(프로그래밍 작업·구현)를 하면 어떨까? 그러면 매일 갱신할 수 있지 않을까?

엥겔 괜찮은 생각 같아. 그거라면 지연 시간이 하루로 단축되겠네. 데이터양이 줄어드는 것도 아니고 말이야. 파일을 올리면 자동으로 데이터가 입력되도록 만들 수도 있어. 그럼 본사에서 하던 수 작업도 필요 없어지겠지.

데지마 하지메 그거 괜찮네요! S: Speed(속도)의 지연도 하루 정도라면 충분히 허용 범위 안에 들어갈 것 같습니다. 다만 파일을 올리는 식이면 메일과는 달리 집계 담당자가 눈으로 확인하는 과정이 없으니, 오류가 늘어날 수는 있겠네요. 점포 직원의 작업 매뉴얼을 수정해야 하고, 연습 기간도 필요하겠네요. 물론 지역 슈퍼바이저도요(E: Execution 실행). 그래도 매상 예측의 A: Accuracy(정확도)가 올라서 인기 상품의 물량이 부족해지는 일이 줄어들면 매장에서 제일 좋아할 테니, 아마 설득하기는 어렵지 않을 겁니다.

엥겔 좋아. 만약 오류가 있을 때는 업로드 페이지가 자동으로 경고 문구를 띄우도록 만들 수 있어(C: Coding/Construction 프로그래밍 작업·구현). 예상할 수 있는 오류로는 날짜 잘못 입력하기, 휴일 정보 빼먹기, 데이터 범위 잘못 지정하기…… 말고 더 있나?

데지마 하지메 감사합니다. 그런 오류에 관해 잘 알고 있는 교육 담당 직원이 있으니, 나중에 자세히 물어보고 올게요.

엥겔 하나 더. 외부의 클라우드 서버를 쓰고 싶은데 괜찮을까(C: Coding/Construction 프로그래밍 작업·구현)? 폐점 후 비슷한 시각에 각 점포에서 일제히 데이터를 올릴 텐데, 오류가 없는지 실시간으로 점검해야 하거든.

데지마 하지메　물론 괜찮습니다. 지금도 이미 AWSAmazon Web Service(아마존이 제공하는 클라우드 컴퓨팅 서비스)를 쓰고 있으니, 외부 서버를 이용한다고 문제가 되지는 않을 겁니다. 업로드 시간도 AWS를 오토 스케일[17] 하면 문제없겠지요(C: Coding/Construction 프로그래밍 작업·구현). 오류의 종류도 몇 가지 안 될 테니 그리 스펙이 높을 필요는 없을 테고요. 데이터 업로드와 처리 자동화는 일부 점포에서 시험적으로 먼저 운용해보고 싶지만, 다음 시즌까지 A: Accuracy(정확도)를 올려야 한다는 조건을 생각해보면 그럴 여유가 없겠네요. 현재 15%뿐인 데이터를 20%로 늘리는 테스트를 해도 그리 임팩트가 있지는 않을 테니, 단번에 전국에 있는 점포에서 실시해 보자는 제안을 상부에 올려보겠습니다. 이거면 되겠어요.

사이엔 스미코　회의를 마치기 전에 하나만 얘기해도 될까?

데지마, 엥겔　？

사이엔 스미코　나도 그 방법에는 찬성해. 하지만 이렇게 많은 데이터를 모아서 활용할 거라면(C: Coding/Construction 프로그래밍 작업·구현), 역시 딥 러닝 모델도 시험해보면 어떨까? 개인적으로 관심이 있어서 이 분야의 연구 동향을 알아보는 중인데, 오차를 줄이는 방향으로 A: Accuracy(정확도)를 올리는 데에는 역시 딥 러닝이 훨씬 더 유리하거든. I: Interpretation(해석하기 쉬움) 측면에서는 랜덤 포레스트가 더 나으니, 베트남의 생산 관리부 직원이 익숙해질 수 있도록 딥 러닝으로 예측한 결과를 참고 값으로 함께 적어보면 어떨까? 가령 일기예보도 비록 어떤 식으로 예측하는지는 모르지만 다들 확인하잖아? 한동안 사용해 보면 비록 분석 과정을 알 수 없어도(I: Interpretation 해석하기 쉬움), 딥 러닝의 A: Accuracy(정확도)가 높다는 사실을 체감할 수 있을 거야.

능숙하게 데이터를 분석하고 활용하는 기업에서는 실제로 이러한 논의가 이루어지고 있다. 팀원들이 다들 A: Accuracy(정확도), I: Interpretation(해석하기 쉬움), C: Coding/Construction(프로그래밍 작업·구현), S: Speed(속도)의 트레이드오프를 의식하며 회의에 임하면, 짧은 시간 에도 건설적인 대화를 할 수 있다.

속도는 끊임없이 추구해야 한다

S: Speed(속도)에 관해 더 깊게 이해하기 위해, 다른 관점으로도 한번 살펴보자.

매 사분기마다 열리는 회의에 제출할 자료를 만들기 위한 분석과, 시시각각 변하는 상황을 실시간으로 파악하기 위한 분석은 명백히 필요한 속도가 서로 다르다.

가령 실시간으로 정보를 처리해야 하는 전형적인 사례로 온라인 주식 거래를 들 수 있다. 주식 거래를 위한 분석은 속도가 대단히 중요해서, 밀리 초 단위로 경쟁이 이루어진다. 기관 투자가의 거래에서는 입찰 속도가 느리면 절대적으로 불리하기에, 분석과 입찰이 밀리 초 단위로 이루어진다. 또한 자율주행차의 자동 운전 기능처럼 물리적인 기계를 제어하기 위한 분석에서는 말 그대로 1초 차이가 승패를 가른다. 기업·소비자 거래B2C 온라인 서비스에서는 언뜻 보기엔 밀리 초 단위의 속도가 필요 없을 것 같지만, 실제로는 응답 속도가 느리면 사용자가 서비스를 떠나고 만다.

경쟁자 유무, 기계를 둘러싼 물리적 조건, 기업이 기대한 대로 움직이지 않는 사용자 등 환경 조건이 S: Speed(속도)의 상한을 결정한다.

실제로 어떤 기계가 계산 처리를 수행하는지도 주의 깊게 고려해야 한다. 기계의 성능에 따라 사용할 수 있는 모델의 종류가 제한될 수 있기 때문이다. 만약 계산을 클라우드로 처리한다면 기계의 성능이 몹시 높을 것으로 기대할 수 있으므로, 복잡한 모델도 기용할 수 있다. 반대로 병원 내부의 PC처럼 보안상 인터넷에 연결할 수 없는 단말에서 계산 처리를 해야 한다면, 처리 속도를 위해 단순한 모델을 써야 할 수도 있다.

이에 관한 팀 리더, 데이터 과학자, 데이터 엔지니어의 대화를 한 번 들어보자. 이번 사례는 병원에서 사용하는 폐암 발견을 위한 화상 진단 프로그램을 개발하는 프로젝트에 관한 내용이다.

폐암 발견을 위한 이미지 화상 진단 프로그램 개발 사례

우리 데이터 과학팀 세 사람은 회사가 인수 합병되면서 의료 데이터를 다루는 자회사로 파견 나가게 되었다. 이제는 어느 정도 경험을 쌓은 데이터 GM인 데지마 하지메, 데이터 과학자인 사이엔 스미코, 데이터 엔지니어인 덴 엥겔의 대화를 들어 보자.

이번 사례는 병원에서 사용하는 폐암 발견을 위한 화상 진단 소프트웨어 개발 프로젝트다. 지난번과는 달리 A: Accuracy(정확도)는 괜찮지만, S: Speed(속도)에 문제가 있는 모양이다.

데지마 하지메 이번 모델은 A: Accuracy(정확도)가 훌륭하네요. 하지만 계산 처리가 복잡해서 큰일입니다. 검사 데이터 분석 처리는 밤에 하면 되니, 병원에서는 몇 시간 정도는 기다려 줄 수 있어요(S: Speed 속도). 문제는 계산할 때 걸리는 부하가 너무 커서 병원 PC가 멈춰버릴 정도라는 점입니다.

엥겔 맞아. 이번 알고리즘은 계산량도 데이터도 너무 많아서 S: Speed(속도)가 심각하게 떨어져. 계산을 더 단순화하면 나아질 텐데. 가령 사칙 연산과 조건 분기만으로 이루어진 프로그램이라면 훨씬 가벼울 거야. '폐 사진 아랫부분에 1*mm* 정도의 흰 덩어리가 있으면 암이라고 판정한다'는 식이지. 그러면 병원 PC로도 충분히 처리할 수 있어.

데지마 하지메 더 가벼운 모델로 바꾸자는 뜻이군요. 그런 단순한 모델로 A: Accuracy(정확도)의 목푯값을 달성할 수 있을까요?

사이엔 스미코 그건 좀 어려울 거야. 현재는 사진을 자기 조직화 지도로 엄선한 다음 인공신경망을 통해 결과를 추정하고 있거든. 즉 여러 모델을 쓰고 있어서 계산량이 많을 수밖에 없어. 실제 의사와 유사한 수준의 A: Accuracy(정확도)를 확보하려면 꼭 필요한 부분이라서, 모델을 바꾸기는 힘들겠어.

데지마 하지메 그러네요. 실제 의사와 비교해도 손색없는 수준이어야 병원에 도입할 수 있다고 영업 팀에서도 말하더군요. 그렇다고 PC가 멈춰버릴 정도면 분명 항의가 들어올 텐데…….

엥겔 한 마디로 기계의 스펙이 부족한 점이 문제네. 클라우드상에서 처리해버리면 안 될까?(C: Coding/Construction 프로그래밍 작업·구현)

데지마 하지메 클라우드는커녕, 병원 PC는 보안상 인터넷에도 접속할 수 없다고 합니다.

엥겔 그럼 성능이 뛰어난 PC를 한 대 사면 되지(C: Coding/ Construction 프로그래밍 작업·구현). 인트라넷을 쓸 수 있다면 한 대만으로 충분할 거야.

데지마 하지메 현실적인 방법이네요. 서비스와 함께 고객이 사용할 기계까지 제공해버리면 된다는 거네요. 그런데 혹시 지금 쓰는 모델이 갱신되어서, 향후 계산량이 2배가 되더라도 버틸 수 있는 스펙을 예상할 수 있나요?(C: Coding/Construction 프로그래밍 작업·구현)

엥겔 그것만으로는 부족해. 데이터양이 늘어나는 것까지 계산에 포함해야지.

사이엔 스미코 맞아. 서비스가 계속 쓰이다 보면 점점 과거의 확정 진단 데이터가 늘어날 텐데, 오히려 이게 더 계산량에 미치는 영향이 클 거야.

데지마 하지메 그럼 기계를 3년간 운용한다고 치고, 그동안 얼마나 확정 진단 데이터가 늘어날지 대략 예상해 봅시다.

이제 슬슬 독자 여러분도 트페이드오프를 어떤 식으로 처리할 수 있는지 감이 잡히기 시작했을 것이다.

PC가 아니라 단순한 기능을 지닌 기판 하나로 모델에 관한 계산 처리를 할 때도 있다. 인터넷에 연결할 수 없는 내장형 시스템에서는 보통 스펙상의 제약 때문에 복잡한 모델에 관한 계산을 할 수 없었다. 하지만 최근에는 FPGA라는 기술이 등장하면서 복잡한 계산도 내장형 시스템에서 수행할 수 있게 되었다.

FPGA는 Field Programmable Gate Array의 머리글자로, 이른바 '유연한 IC칩'이라고 할 수 있다. 기존의 CPU는 전기회로를 고정해서 만드는 것으로, 제조 후에 그 구조를 변경할 수 없었다. 하지만 FPGA는 각각의 전기 회로에 주소를 할당함으로써, 이를 외부에서

FPGA는 회로를 재구성함으로써 빠른 처리를 할 수 있다

출처: 알테라 제품 자료

소프트웨어를 통해 유연하게 바꿀 수 있다.

따라서 이제는 복잡한 모델도 이를 하드웨어의 전기 회로로 처리할 수 있다. 하드웨어가 반응하기까지 걸리는 시간을 대폭 단축했으며, 훨씬 적은 전력으로 처리할 수 있게 되었다. 내장형 시스템에서 기계 학습을 할 수 있게 됨으로써, 드론의 공중 제어와 충돌 억제 등은 물론 휴대전화, 착용 컴퓨터wearable device, 가전제품 등 온갖 기계 분야에서 복잡한 처리를 수행할 길이 열린 셈이다.

아직 이 기술은 일반적이지는 않지만, 이미 인텔은 FPGA 전문 기업인 알테라를 167억 달러(약 2조 엔)으로 인수했다(2015년 6월).

크라우드소싱을 통해 모델 개량하기

마지막으로 이번 B: Brain 파트의 비밀 무기를 소개하겠다. 바로 회사 밖에 있는 힘을 쓴다는 작전이다. 가장 간편한 수단으로 크라우드소싱을 들 수 있다. 크라우드소싱이란 인터넷을 통해 수많은 사람에게 일을 의뢰하는 방식으로, 도움과 조언이 필요한 작업과 잘 어울린다.

크라우드소싱에 대한 일반적인 인식은 값싼 크라우드워킹이 아닐까 싶다. 하지만 개중에는 고도의 알고리즘 개발을 발주하는 사례도 있다. 몇 가지 조건만 충족할 수 있다면, 데이터를 공개한 후 다양한 모델을 모집하여 경쟁시켜볼 수도 있다.

"광고용 표어 모집이면 모를까, 알고리즘 개발 작업을 크라우드소싱하면 사내 기밀이 너무 많이 누출되지 않겠나? 애초에 회사에서 그런 방식을 허용할 리가 없다"라는 말을 들을 수도 있지만, 이미 실제로 그러한 활용법이 널리 퍼지기 시작한 상태다. 가령 카글 kaggle.com은 데이터 과학 분야의 크라우드소싱에 특화된 서비스이며, 전 세계에서 모델을 모집하고 있다(2017년에 구글이 인수했다).

정보를 회사 밖에 공개한다는 일 자체가 너무 기존 상식에서 벗어나 있다 보니, 알고리즘이라는 몹시 경쟁력이 뛰어난 무기를 외부의 도움을 받으며 작성하는 일 자체에 합의를 하기 힘들 수도 있다.

하지만 모델 개발은 전 세계의 데이터 과학자가 협력해야 하는 최첨단 연구 분야이며, 21세기 과학의 미개척 영역이기도 하다. 따라서 그러한 최첨단 지식을 지닌 사람은 몹시 드물 것이다. 설사 우연히 그런 사람이 팀원 중에 있다 해도, 모델을 처음부터 만드는 작업에는 오랜 시간과 수많은 시행착오가 필요하다. 차라리 그럴 시간에 모델을 실제로 운용하여 개선 사항을 찾기 위한 데이터 수집을 하는 편이 좋다. 따라서 다양한 모델을 실제로 사용해보며 모은 데이터를 바탕으로 각각의 장단점을 검토하는 작업을 사내에서 진행하고, 모델을 만드는 작업 자체는 사외에서 진행하는 전략도 충분히 고려해볼 가치가 있다.

실제로 온라인 콘텐츠 사업의 성공 사례인 넷플릭스에서는 알고리즘을 외부에 공개하고, 이를 개선하는 대회를 열어 상금을 걸고 있다. 1등 팀이 받는 상금은 무려 100만 달러다. 이처럼 유력한 기업에서도 이미 알고리즘을 공개하여 집단 지성의 힘을 빌리고 있다는 사실을 알 수 있다.

물론 모든 기업이 크라우드소싱을 활용할 수는 없을 것이다. 만약 크라우드소싱을 활용할 수 없는 상황이라면, 집단 지성을 이용하지 못하는 대신 어떤 식으로 기업의 경쟁력을 확보할지 고민해야 할 것이다.

D: Data(데이터) 부분에서도 언급하겠지만, 대신 데이터의 양을 늘린다는 선택지도 있다. 데이터를 사 오거나, 외부 기관과 협조하거나, 센서 기술에 투자하는 등의 방법으로 데이터 총량을 늘릴 수만 있다면 모델이 다소 뒤떨어져도 만회할 여지가 있다.

또한 해커톤을 지원해서 모델에 대한 지적 수준 올리기, 코세라(온라인으로 데이터 과학 학습을 할 수 있는 프로그램)를 이용해 공부하기, 학회 출장비 늘리기, 모델 개량을 위한 실험 환경 정비하기 등의 방법으로 데이터 과학팀을 지원하는 것도 현실적인 방법일 것이다.

C: Coding/Construction(프로그래밍 작업·구현)
코딩에서 중요한 세 가지

C: Coding/Construction에서 흔히 저지르는 실수를 크게 세 가지로 분류하여 설명하겠다. 각각 ① 프로그램이 언어, ② 클라우드 서버와 서비스 이용, ③ 팀 관리라는 주제다.

자주 저지르는 실수와 신경 써야 할 점① 프로그래밍 언어

흔히 기존에 이미 있는 것을 다시 처음부터 만든다거나, 다 만든 다음에야 시스템 이식 비용을 검토한다는 실수를 저지르고는 한다. 여기서는 이 두 가지에 관해 알아보겠다.

현재는 인터넷에서 영어로 검색만 해보면 대부분의 모델을 구현한 라이브러리나 API를 구할 수 있다. 고도의 화상 인식 동영상 분

스탠퍼드대학이 공개하고 있는 화상 데이터

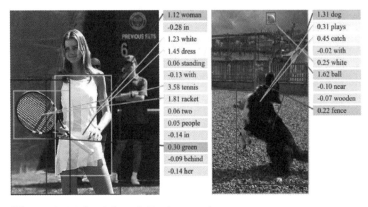

출처: cs.stanford.edu/people/karpathy/deepimagesent/

석 기능도 기존 프로그램을 조합해서 만들어낼 수 있다.

가령 스탠퍼드 대학에서는 화상 데이터를 대단히 정밀하게 해석하는 알고리즘을 공개하고 있다. 위의 표의 왼쪽 사진을 보면 '흰옷을 입고 테니스 라켓을 든 여성과, 그 여성 뒤에는 녹색 옷을 입은 사람이 두 명 있다'고 알고리즘이 설명하고 있다. 이 문장을 읽기 전까지는 뒤에 두 사람이나 더 있다는 사실을 눈치채지 못한 독자도 있을 것이다. 오른쪽 사진에서는 개의 자세, 그리고 아마 공의 위치 관계를 바탕으로 공놀이를 하고 있다는 사실까지 유추하고 있다('아마'라고 적은 이유는 이제는 프로그램 작성자조차도 그 처리 과정을 분석할 수 없기 때문이다).

물론 이 알고리즘도 완벽한 것은 아니다. 가령 졸린 표정을 짓고 있는 페럿을 고양이로 오인하기도 한다. 하지만 그러한 실수를 계속 지적해줌으로써 정확한 정보를 축적할수록 모델의 정확도도 함께 오른다. 이처럼 프로그래밍 자체는 회사에서 근무하는 엔지니어가 할 수 있다고 쳐도, 기존 서비스처럼 전 세계에서 수정 사항을 모으고 이를 반영하기는 어렵다.

일본 기업의 컨설팅을 하다 보면 "우리 회사는 특수하거든요"라는 말을 자주 듣는다. 재미있는 사실은 거의 모든 사람이 자신의 회사가 특수하다고 인식하고 있다는 점이다. 물론 회사의 역사, 수행하는 사업, 장단점의 차이는 있을 것이다. 하지만 전 세계의 모델과 라이브러리 중 적용할 수 있는 것이 없을 정도로 특수하다고 보는 것은 지나친 비약이다. 전부 다 처음부터 코딩하는 것도 장점이 없는 것은 아니지만, 실제로 동작하는 시스템을 빠르게 만드는 이점과 업데이트 속도를 고려하면 일단 기존 모델과 API를 활용해보는 편이 더 장기적으로 이득이지 않을까 싶다.

이번에는 시스템 이식 비용에 관한 문제를 이야기해보겠다. 이것도 곧잘 빠지곤 하는 함정인데, 가령 익숙한 프로그래밍 언어인 파이썬으로 모델을 구현했는데, 실제로 운용할 때는 사내 시스템에서 공통적으로 사용하는 자바로 다시 짜야 한다는 등의 상황이다. 실제로 사용할 언어를 미리 파악하지 못해서 불필요하게 인력을 낭비했다고 볼 수 있다.

최근에는 PMML_{Predictive Model Markup Language}라는 규격이 등장하여, 모델을 다른 언어로 추가 비용 없이 이식할 수 있게 되었다. 따라서 R로 개발한 알고리즘을 PMML 규격의 파일로 출력하여, 실제로 사용할 시스템에서 해당 파일을 읽으면 된다. 그동안은 몇 달씩이나 걸려가며 데이터 과학자가 프로세스를 문서화하고 엔지니어가 프로그램으로 작성하던 작업을, 이제는 몇 시간이나 몇 분 만에 끝낼 수 있는 획기적인 기술이라고 할 수 있다.

물론 PMML도 아직 모든 모델을 지원하는 것은 아니기에, 시험을 끝냈을 때 어떤 환경에서 어떤 언어로 구현할지는 당연히 미리 정해둬야 한다. 만약 딱히 어떤 언어를 사용할지 제한이 없다면, 예측 모델은 현재 많이 사용되고 있는 R이나 파이썬으로 개발하면 좋을 것이다. 뒤에서 설명할 하둡, 하이브, AWS 등과도 쉽게 연계할 수 있다.

자주 저지르는 실수와 신경 써야 할 점② 클라우드 서버 서비스 이용

프로그래밍 언어와 완전히 분리해서 생각할 수 없는 부분이 바로 클라우드 서비스다. 클라우드 서비스와 클라우드 서버를 적극적으로 활용하지 못하는 불편을 감수해야 할 때도 많다. 만약 외부 서비스에 의존하지 않고 모든 것을 스스로 마련하겠다면 하드웨어 처리 작업은 물론이고 대규모 병렬 연산, 시스템 다중화, 서버의 지리적 분산 등의 부담도 모두 회사 내의 엔지니어가 짊어져야 한다. 하둡과 하이브와 같은 대규모 데이터를 편리하게 처리할 수 있는 시스템도 사용할 수 없다.

여기서 잠시 클라우드 서버 이용에 관한 법률론도 해설하도록 하겠다. 해설이라고 해도 그저 법률상의 사실을 나열하고 흔히 가지고 있는 오해를 정정할 뿐이므로, 관심 없는 사람은 그냥 넘겨도 상관없다. 또한, 실제로 법률적인 해석이 필요할 때는 그때마다 최신 정보를 참고하며 전문가의 지시를 따르기 바란다.

클라우드가 널리 알려지면서 지금은 좀 나아지기는 했지만, 여전히 법령에 관해 오해하고 있는 사람이 제법 보인다. 한 마디로 법령이라고 해도 법률, 명령, 조례, 가이드라인 등 다양한 종류가 있으며, 국내뿐만 아니라 해외의 법령도 있다. 여기서는 대표적인 사례만 들도록 하겠다.

법령은 계속 바뀌는 것이며, 사내의 법무 담당자가 오래된 법령만 알고 있을 때도 있다.

우선 개인 정보를 본인의 동의 없이 외부 업자에게 넘기는 일이 불법이므로, 클라우드 서비스를 이용할 수 없다는 오해가 있다. 하지만 개인 정보의 이용 목적을 달성하기 위해 아마존 등의 서버 업자에게 개인 정보를 맡기는 일은 개인 정보 제삼자 제공에 해당하지 않는다. 본인이 동의했느냐도 상관없다. 이는 일본의 개인 정보 보호에 관한 법률 제23조 제4항 제1호에 명시된 내용이며, 따라서 클라우드에서 개인 정보를 다루는 일은 전혀 불법 행위가 아니다. 물론 기업 내에서 개인 정보를 보관할 때와 마찬가지로, AWS 등을 이용할 때도 감독책임은 어디까지나 회사가 져야 한다.

개인정보 보호에 관한 법률

제23조 개인 정보 취급 사업자는 아래에 나열한 경우가 아니라면, 사전에 본인의 동의 없이 개인 정보를 제삼자에게 제공해서는 안 된다.

4 아래의 경우, 해당 개인 정보를 제공받은 자는 제3항에서 말하는 제삼자에 해당하지 않는다.

— 개인 정보 취급 사업자가 이용 목적 달성에 필요한 범위 내에서 개인 정보의 전체 혹은 일부의 취급을 위탁하는 경우

또한, 의료 정보를 포함한 개인 정보는 외부 서버에 저장해서는 안 된다는 오해도 있다. 이것도 사실 법률상으로는 아무런 근거가 없는 이야기이며, 일본 정부의 견해에 따르면 이를 금지하지 않는다.[18]

오히려 최근에는 동일본대지진 때문에 환자의 의료 정보가 소실된 일을 계기로, 의료 정보를 클라우드에 저장하는 사업을 정부에서 후원하고 있는 상황이다. 의료 정보를 저장하는 클라우드의 유지보수 비용을 마련하기 위해 익명 처리한 정보를 민간에 개방하는 사업까지 검토하고 있다. 다만 2017년도에 의료 정보를 포함한 개인 정보를 더 신중하게 취급하도록 하는 법안이 가결되었다. 따라서 최신 정보는 항상 변호사 등의 법률 전문가에게 확인하기 바란다.

아마존 등 미국 기업의 클라우드 서비스는 미국 애국자법(일명

패트리어트법)의 적용 대상이기에, 언제든 관람, 기능 정지, 압류당할 수 있다는 오해도 있다. 애국자법은 2015년 6월 1일에 폐지되었으며, 미국 수사기관이 정보를 얻어야 할 때는 그때마다 법원의 허가를 받아야 한다.

한편으로 기능 정지와 압류는 실제로 일어난 적이 있기는 하다. 다만 발생 빈도는 몇 년에 한 번 수준이며, 이는 자체 서버로 관리했을 때 기능이 정지할 빈도에 비하면 훨씬 적은 숫자다. 또한 수사 당국에 의한 압류와 기능 정지는 미국뿐만 아니라 국내에서도 일어날 수 있는 일이다. 해외의 사법 처리가 걱정된다면 국내 사업자를 이용해볼 수 있다. 가령 의료 정보를 다룰 때는 아마존 대신 IIJ가 많이 쓰이는 편이다.

단, 의료 기관이 법령에 따라 저장하는 데이터라면 조금 이야기가 다르다. 이는 국내법이 미치는 범위 내에 저장해야 할 의무가 있기에, 해외 서버를 사용할 수 없다.[19] 이때는 아마존 서버를 사용해도 되긴 하지만, 물리적인 저장 장소를 일본 내에 두도록 계약해야 한다. 이를 클라우드 서버의 리전 지정이라고 한다.

자주 저지르는 실수와 신경 써야 할 점③ 팀 관리

구현 업무의 주인공은 데이터 엔지니어다. 데이터 엔지니어는 이 단계에서 가장 바쁘게 일하며, 대부분의 부가가치를 창출해낸다. 다른 팀원들은 엔지니어들이 최대한 효율적으로 명확한 개발 목적

다양한 종류의 '매상 날짜'가 존재한다

매상 날짜의 정의	데이터 출처
영업 사원이 매상이 생겼다고 판단하여 사내 시스템에 입력한 날짜	자사 영업 사원
계약 체결일	자사 계약서
계약서에 기재된 납품일	자사 계약서
자사 창고에서 출하된 날	자사 배송 시스템
도매상 창고에 입고된 날	도매상 창고 시스템
도매상에서 입금한 날	자사 경리 정보
도매상에서 출하된 날	도매상 배송 시스템
고객 창고에 입고된 날	고객 창고 시스템
검품 완료일	고객 창고 시스템
고객이 도매상에게 입금한 날	도매상 경리 정보

에 따라 일할 수 있도록, 잡무와 분석 업무를 도와주면 된다.

이때 데이터 엔지니어와 적절하게 의사소통하지 못하는 사례가 제법 많다. 그러면 모델을 통해 실현하고 싶은 내용과 엔지니어가 실제로 하는 작업 사이에 괴리가 생기고 만다.

이는 대체로 요구 조건을 구체적으로 작성하지 않았기 때문에 생기는 문제다. 가령 "언제 매상이 나올지 고객에게 알려주고 싶으니, 그 타이밍을 예측해주세요" 같은 요구가 전형적인 예시다. '매상' 부분만 들여다봐도 고객과 판매 계약을 합의한 날, 계약서상에 기재된 날, 창고에서 상품이 출하된 날, 도매상에 입고된 달, 도매상에서 출고된 날, 고객 창고에 입고된 날, 검품 완료일, 입금일 등 다양한 '매상' 정보가 존재한다. 단 한 가지 개념만 봐도 이렇게 많은 선택지가 있는 셈이다. 데이터베이스상에 있는 정보를 가장 잘 알고 있는 사람은 엔지니어지만, 각 숫자가 지닌 의미를 알고 있는 사람은 다른 부서의 직원들이다.

그러한 함정에 빠지지 않으려면 팀 전체가 A, B, C, D, E를 제대로 공유하고 있어야 한다. 우수한 엔지니어는 코드 한 줄에도 비즈니스상의 목적을 반영하려고 노력한다.

A: Aim(목적)를 공유하고, 어떠한 B: Brain(기계 뇌의 종류)를 사용할지 함께 의논하며, D: Data(데이터)의 성질에 관해서도 명확하게 문서로 남겨 놓고, E: Execution(실행)를 할 때 어떠한 제약이 있는지 명확하게 밝힌 다음 프로젝트를 진행해야 한다.

데이터를 올바르게 다루기

데이터를 올바르게 다루기

모델과 데이터의 관계를 요리에 비유하면, 모델이 조리 기구고 데이터가 요리 재료라고 할 수 있다. 제대로 된 조리 기구를 써야 재료를 적절하게 조리할 수 있다. 또한, 아무리 좋은 조리 기구를 쓴다 해도 재료의 질이 나쁘면 맛있는 요리를 만들 수 없다. 같은 이치로, 아무리 우수한 알고리즘을 쓴다 해도 데이터 선정과 준비 작업에 문제가 있으면 좋은 결과가 나올 수 없다.

B: Brain(기계 뇌의 종류)에서는 올바른 모델을 고르는 법에 관해 알아봤다. 이번엔 그 모델로 가공해야 할 D: Data(데이터)에 관해 자세히 살펴보도록 하겠다.

자주 저지르는 실수

D: Data(데이터) 단계에서 자주 저지르는 실수는 '현재 존재하는 데이터를 가지고 무엇을 할 수 있는지 상상하는 것'이다.

독자 여러분 중에는 '잠깐, 원래 가진 데이터를 이용하는 게 뭐가 문제라는 거지?'라는 생각이 든 사람도 있을 것이다. 물론 지금 있는 것을 이용하려는 자세가 틀렸다는 말은 아니다. 여기서 지적하고자 하는 점은 당장 눈앞에 있는 데이터를 발상의 근원으로 삼는 일 자체가 함정이라는 것이다. 냉장고에 남아있는 재료로 볶음밥을 만드는 식으로 생각하지 말라는 뜻이다. 즉, 기계 뇌를 설계할 때는 현재 가진 D: Data(데이터)를 바탕으로 사고해서는 안 된다.

A: Aim(목적)에 부합되지 않는 D: Data(데이터)를 바탕으로 발상하는 일은 시간 낭비나 다름없다. 데이터 수집 방법, 사용 허가, 저장 수단, 가공 처리 비용 등등을 생각하다 보면 낭비되는 시간은 걷잡을 수 없이 불어나기 마련이다. 이는 팀의 지적 생산성을 떨어뜨리고 '다른 유용한 일에 쓸 수 있었던 시간'을 허비하는 일일 뿐이다.

기계 뇌의 설계법을 잘 모르는 사람이 "모처럼 이런 데이터가 있으니 뭔가 재밌는 일을 할 수 없을지 생각해봐라"라고 말할 때가 많은데, 생산성 면에서 보면 말도 안 되는 소리다. 회사에 쌓여 있던 데이터 중에 보물이 숨어있었다는 극적인 성공담은 영화에서나 나올 법한 이야기일 뿐이다.

신경 써야 할 점

아까와는 반대로 해보자. 즉, A: Aim(목적)에 이르기 위해 어떤 D: Data(데이터)가 필요한지 생각해보면 된다. 즉 결과에 이르기 위한 방법을 찾아보자는 것이다. 데이터를 바탕으로 할 수 있는 일을 찾는 것이 아니라, 성과를 내기 위해서는 어떤 데이터가 필요한지를 따져 봐야 한다. 그런 다음에 이를 회사 안에서 마련할지, 아니면 외부에서 조달해 올지를 검토해 보면 된다.

추상적인 작업은 꼭 들인 시간만큼 성과가 나오지는 않는다. 목적을 제대로 인지하고 있지 않으면 아예 성과가 없을 때도 있다. 경험적으로 보면 기계 뇌 설계 프로젝트에 들어가는 시간 중 70~90%는 데이터 선정과 가공 작업에 소요된다. 게다가 B: Brain(기계 뇌의 종류)를 선정할 때와 달리 이렇다 할 정석이 존재하지 않는다. 즉 무한히 많은 선택지가 있다는 뜻이다.

이런 문제를 '**탐색 범위가 넓은 문제**'라고 한다. 탐색 범위가 넓은 문제를 풀 때는 탐색 효율을 최대한 높여야 한다. 지금 가지고 있는 재료를 바탕으로 생각하는 것이 아니라, 목적지로 이르는 길을 역으로 추적함으로써 팀 전체의 지적 생산성과 효율을 올릴 수 있다.

이제 그 구체적인 의미에 관해 알아보도록 하겠다.

두 종류의 데이터

기계 뇌를 설계할 때는 데이터를 크게 두 종류로 나눌 수 있다. 만

들어 내고 싶은 데이터와, 그 재료가 되는 데이터다. 191쪽 상단의
표는 그 예시다. 문맥에 따라 다양한 별칭이 있기에, 이에 관해서도
기재했다.

왼쪽은 비즈니스 목적을 이루기 위해 필요한 답이고, 오른쪽은
그 답을 구하기 위한 단서다. 맨 위에 있는 농업을 가지고 예를 들자
면 '와인 가격이 내년 이후에 얼마가 될지 알고 싶다'는 목표를 이루
기 위해, '포도 재배 기간 중의 강우량, 포도 수확 시기의 강우량, 포
도 재배 기간의 평균 기온, 숙성 기간'을 통해 가격을 추정하겠다는
뜻이다.[20]

와인은 선물 거래도 활발하게 이루어지고 있기에, 와인이 완성되
기도 전에 미리 가격을 추정할 수 있다면 대단히 유용할 것이다.

데이터 선정을 운에 맡기지 말자

위와 같은 공식을 설계하려면 어떻게 해야 할까? 거듭 강조했듯
이 '이 데이터를 활용해볼 수 없을까'라는 사고방식, 다시 말해 192쪽
상단 표의 오른쪽부터 채워나가는 방식은 몹시 비효율적이다.

데이터 해석에 숙달된 사람도 눈앞에 데이터가 있으면 무의식적
으로 시야가 좁아지곤 한다. 필자도 지금 가지고 있는 데이터부터
해석하고 싶다는 유혹에 굴한 적이 있기에 그 마음은 이해가 간다.

게다가 데이터 분석을 하고 있으면 주변에서 보기에 열심히 일하
고 있는 것처럼 보이기에, 이를 말려줄 사람도 없다.

만들어내고 싶은 데이터와, 그 재료가 되는 데이터

	만들어내고 싶은 데이터 (별칭: 목적 변수, 피설명 변수, 종속 변수, 정답 데이터, 훈련 데이터…)	그 재료가 되는 데이터 (별칭: 설명 변수, 독립 변수, 배리어블, 피처…)
농업	올해 담글 와인의 내년 이후 가격	포도 재배 기간 중의 강우량, 포도 수확 시기의 강우량, 포도 재배 기간의 평균 기온, 숙성 기간
금융	어떤 카드 결제가 부정 결제일 확률	구매한 상품, 금액, 사용 장소, 이용 IP, 카드 보유자의 한도액…
의료	어떤 사람이 걸린 질병	연령, 성별, 인종, 혈액 검사 결과, 본인 병력, 가족 병력, 제온, 혈압, 심박 수, 자각 증상…
자동차	어떤 차가 교통사고를 일으킬 확률	차 종류, 보유자 거주 구역, 보유자 성별·연령·인종, 과거 반년간의 이동 거리, 자동차 사용 시간대…
소매	어떤 회원이 쿠폰이나 할인 혜택을 이용할지 여부	사용 이력, 쿠폰 종류, 할인율, 쿠폰 이용 시기, 과거에 쿠폰 이외로 구매한 상품·금액·시기…

수많은 데이터 분석 프로젝트를 봐온 경험상, 그런 식으로 시작해서 업무상 의미 있는 결과를 낸 사례는 거의 없다. 몇 시간, 며칠, 심하게는 몇 개월씩이나 인력을 투입한 결과 얻는 것은 피로와 상실감뿐이다. 이것이 "이 데이터를 이용해서 뭔가 해볼 수는 없을까?"라는 소박하면서도 기계 뇌의 설계 방법을 이해하지 못한 발언의 결말이다.

그러지 말고 거꾸로 생각해 보자. 우선 표의 왼쪽부터 채우는 것이다. 와인으로 예를 들자면 '정확한 강우량 데이터가 있는데, 이것을 이용해 뭘 살 수 있을까?'라고 생각하는 것이 아니라, '와인 가격을 추정하려면 어떤 데이터가 필요할까?'라는 방향으로 생각해야 한다.

데이터 선정의 두 가지 접근 방식

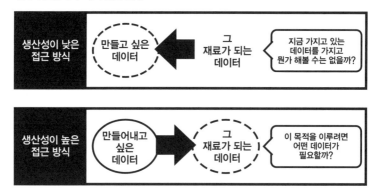

그동안 거듭 강조했듯이, 이것은 데이터 과학으로 성공하기 위한 철칙이다. 현재 있는 데이터를 가지고 시작하는 것은 기적이라도 일어나지 않는 한 무의미한 일일 뿐이다. 일단 여러 차례 검증된 성공의 정석대로 해보고, 그다음에 독자적인 변형을 가하는 식으로 과학적인 팀 작업을 해야 한다.

데이터를 선정하는 네 가지 기준

데이터 선정은 B: Brain(기계 뇌의 종류) 선정보다 훨씬 더 창의력이 많이 필요한 작업이다. 요즘에는 빅데이터만 있으면 뭐든지 해결할 수 있다는 식의 과대광고가 눈에 많이 띄는데, 이미 독자 여러분은 그런 도깨비방망이 같은 것이 아니라는 사실을 잘 알고 있을 것이다.

그럼 데이터는 어떤 식으로 선택하면 될까? 여기서는 아이애널리시스iAnalysis라는 회사에서 실시한 어떤 대형 인터넷 광고 회사의 추정 사례를 통해 네 가지 기준을 소개해보도록 하겠다.

【대형 인터넷 광고 회사 사례】

이 회사에서는 웹 방문자에게 맞춤형 온라인 광고를 보여주고 있다. 방문자가 광고를 클릭하면 할수록 광고 회사의 매상이 오른다. 남성을 대상으로 한 상품 광고와 여성을 대상으로 한 상품 광고가 있기에, 웹 방문자의 성별을 추정할 수 있으면 알맞은 광고를 보여줌으로써 클릭 수를 늘릴 수 있을 것이다. 그래서 어떤 데이터를 이용하면 성별을 추정할 수 있을지 생각해 보기로 했다.

방문자 중 일부는 회원 등록 정보를 통해 성별을 알 수 있으므로, 일단 웹페이지 접속 데이터를 이용해 얼마나 성별을 잘 예상할 수 있을지 시험해보기로 했다.

접속자 데이터 중, 사용하고 있는 브라우저 종류나 접속 시간대 등으로 성별을 구분하기는 힘들 것이다. 아이폰을 쓰느냐, 아침 일찍 일어나느냐, 야후 사이트를 통해 들어왔느냐, 구글 사이트를 통해 들어왔느냐 등도 별 쓸모가 없어 보인다.

그래서 웹 사이트의 페이지 단위로 성별을 추정해보기로 했다. 골프 페이지를 보고 있다면 남성, 화장품 페이지를 보고 있다면 여성이라는 식으로 추정한 것이다.

B: Brain(기계 뇌의 종류)에서 언급한 랜덤 포레스트는 물론이고 결정 나무, 로지스틱 회귀, GBM, SVM, 나이브 베이즈 등 온갖 종류의 모델로 시험해봤다. 하지만 결과는 무척 처참했는데, 정답률이 60% 정도밖에 되지 않았다. 주사위를 굴려서 결정해도 정답률이 50%는 나올 테니, 60%가 얼마나 형편없는 값인지 잘 알 수 있다. 최첨단 모델을 이용해도, 이 데이터로는 '주사위보다 좀 더 나은' 수준의 결과밖에 낼 수 없었던 셈이다.

그래서 방문 페이지 말고 더 쓸 만한 데이터는 없는지 찾기 시작했다. 예산과 기간 문제 때문에 새로운 접속 정보를 추가하기는 어려웠고, 설문 조사로 성별을 가려내려 해도 응답해주는 사람은 극히 일부일 것이다. 열심히 기존 데이터를 확인해본 결과, 마침내 '사이트 내에서 사용한 검색어 이력'이라는 항목을 찾아냈다.

검색어 이력은 방문객의 아이디와 함께 텍스트 데이터 형태로 남아 있었다. 텍스트 데이터를 이용하여 모델링하려면 자연어 처리라는 전문적인 분석법을 사용해야 하기에, 본격적인 분석을 하려면 어느 정도 기간이 필요한 상황이었다. 그래서 일단은 단기적 결과를 내기 위해, 더 단순한 집계 방식으로 성별을 추정해 보았다.

그러자 정확도가 갑자기 95%까지 올랐다. 여태까지 아무리 복잡한 모델을 이용해도 60% 정도밖에 정답을 맞히지 못했는데, 갑자기 20명 중 한 명밖에 틀리지 않는 수준으로 정확도가 오른 것이다.

만약 검색 이력이 날짜별로만 집계되어 있었으면 이런 결과는 얻지 못했을 것이다. 가령 '6월 10일에는 A라는 검색어가 100번, B라는 검색어가 40번 쓰였다'는 식으로만 저장했으면 누가 사용한 검색어인지 알 수 있을 리가 없다. 어디까지나 검색어와 개인 아이디가 함께 저장되어 있었기에 이번 프로젝트에서 활용할 수 있었던 것이다.

이번 사례를 통해 얻을 수 있는 데이터 선정에 관한 교훈은 뭘까? 197쪽 상단 표는 어떤 데이터를 사용할지 생각할 때 필요한 체크리스트다. 물론 데이터를 선정할 때는 창의적이고 유연한 발상이 중요하기는 하지만, 그래도 체크리스트를 이용해서 실수를 방지하면 잘못된 아이디어에 낭비할 시간을 줄일 수 있다. 이제 체크리스트의 항목을 하나씩 살펴보기로 하겠다. 이때 여러분이 평소에 업무상 추정해보고 싶은 내용을 머릿속에 떠올려 보기 바란다.

데이터 선정 기준① Relevancy: 관련성

관련성이란 말 그대로 '관련 있어 보이느냐'다. 와인 가격을 추정하고 싶다면 아마 와인 병보다는 포도의 품질이나 와인 공급량 등이 더 관련 있을 것이라는 가설을 세우고 데이터를 수집할 것이다. 웹 방문자의 성별을 추정할 때도 처음에는 골프 페이지와 화장품 페이지 등 보고 있는 상품의 종류가 성별과 관련 있을 것이라고 예상했다. 하지만 결국 밝혀진 사실은, 사이트 안에서 사용한 검색어가 더 관련성이 높다는 것이었다.

데이터를 고르는 네 가지 기준

	내용	웹 방문자의 성별 추정 사례에서
Relevancy 관련성	그 데이터는 추정 대상과 얼마나 관련되어 있는가	관련성 낮음: 관람 페이지, 접속 시간대, 사용한 브라우저 종류, 이전 웹 사이트
		관련성 높음: 사이트 내에서 사용한 검색어
Volume 분량	데이터의 양은 충분한가	양 적음: 설문 조사로 성별을 직접 물어본다
		양 많음: 사이트 내에서 사용한 검색어
Granularity 세분화 정도	충분히 세분화된 정보인가	세분화 덜 됨: 날짜별로 집계한 검색어
		세분화 잘 됨: 사용자 아이디별 사용 검색어
Cost / Effectiveness 비용 대비 효과	충분히 세분화된 데이터를 목적 달성에 필요한 만큼 모으기 위한 비용은 적절한가	비용 많이 듦: 외부 접속 정보 구매, 대규모 설문 조사
		비용 적게 듦: 기존 접속 정보

사실 웹 방문자의 성별 추정 사례는 몹시 운이 좋았다고 할 수 있다. 우선 실제 방문자의 성별이 나와 있는 훈련 데이터가 있었다는 점이 행운이었다. 이는 192쪽 표의 왼쪽 데이터에 해당한다. 훈련 데이터, 즉 정답이 있어야 여러 모델 중 어떤 것이 정답률이 높은지 확인할 수 있기 때문이다. 비록 일부 사용자뿐이기는 하지만, 정답 데이터가 저장되어 있어서 다행이었다.

또한, 사용자별로 사용한 검색어가 저장되어 있었다는 점도 큰 행운이었다. 사실 처음 웹 사이트를 만들 당시에는 설마 검색어 정보가 성별 추청에 도움이 될 것이라고는 상상하지도 못했을 테니, 그런 정보를 굳이 저장할 필요는 없었을 것이다. 이것도 웹 사이트를 설계·제작한 사람 덕택이다. 일반적으로 데이터는 많을수록 좋기는 하지만, 데이터의 양과 종류가 많아질수록 이를 취득하고 저장하는 데 드는 비용도 함께 커진다. 이번에는 마침 필요한 정보가 저장되어 있었기에 문제를 잘 해결할 수 있었다.

데이터 선정 기준② Volume: 분량

'추정하고 싶은 대상에 관한 데이터가 충분한가'도 중요한 기준이다. 분야에 따라서도 다르기는 하지만, 데이터 과학을 이용해 쓸 만한 모델을 만들려면 '추정하고 싶은 카테고리별로 최소한 백부터 수백 정도의 데이터'가 필요하다고들 한다. 가령 성별을 추정하고 싶다면 남성과 여성 각각에 대해 최소 100×2개 정도의 샘플이 있어야 한다.

여기서 '카테고리별로'라는 말에 주의해야 한다. 가령 암 화상 진단 시스템이 '폐암에 걸렸는지'를 판단한다고 해보자. 즉 '폐암에 걸린 환자'와 '폐암에 걸리지 않은 환자'라는 두 카테고리를 추정한다는 뜻이므로 각각 사진이 100장씩 총 200장 있으면 될 것 같지만, 사실은 그렇지 않다. 왜냐면 폐암에도 종류가 있기 때문이다.

우선 크게 비소세포폐암과 소세포폐암으로 나눌 수 있으며, CT에 찍히는 형태에도 몇 가지 패턴이 존재한다. 패턴별로 특징이 매우 다르기에, 이들도 각각 다른 카테고리로 쳐야 한다. 게다가 성별, 연령, 흡연 여부 등 인구통계학적 정보에 따라서도 폐 사진의 특징이 달라진다면, 이 또한 하나의 카테고리로 간주하여 데이터를 준비해야 한다.

그뿐만이 아니다. 의료 분야에서는 '해외 데이터를 이용해 만든 모델을 국내에서도 적용할 수 있는가'라는 문제도 자주 논의되고는 한다. 유전자를 이용한 질병 검사가 적절한 예시가 될 수 있다. 미국에 사는 백인 남성들의 유전 정보를 모아서 만든 유전자 검사 키트를 우리나라 사람에게도 적용할 수 있을까? 질병과 관련된 유전자에는 대체로 인종 차가 존재한다는 연구 결과가 있기에, 우리나라 사람에게 적합한 모델을 개발하려면 우리나라 사람의 데이터를 사용하는 편이 좋다. 하지만 그 말은 즉 기존에 축적된 해외 데이터를 전혀 쓸 수 없다는 뜻이다. 결국 해외에서 검증된 유전자 검사 키트를 사온다 해도, 우리나라 사람에게도 잘 맞을지는 알 수 없다.

그럼 이번에는 백인이든 아시아인이든 상관없이 똑같은 방식으로 검사할 수 있는 특정 질병이 있다고 해보자. 그런 질병이라면 해외에서 수집된 기존 데이터를 마음껏 활용할 수 있다. 이처럼 의료 분야에 데이터 과학을 응용하는 일은 말처럼 쉬운 일이 아니다. 아주 조심스럽게 검토하지 않으면 필요한 데이터의 분량마저도 잘못 짚을 수 있다.

데이터 선정 기준③ Granularity: 세분화 정도

세분화 정도(입도)란 데이터에 얼마나 자세한 내용이 담겨 있냐는 관점이다. 입도라는 말은 평소에 잘 쓰지 않는 말인데, 모래 등의 알갱이가 얼마나 작고 고운지를 나타내는 지표다. 데이터를 세분화하는 방법은 단 두 가지뿐인데, 측정 밀도를 높이는 방법과 데이터를 조합하는 방법이 있다.

측정 밀도를 높일수록 더 세분화된 데이터를 얻을 수 있다. 웹 사이트 접속자 수로 예를 들자면 '지난 1년간의 접속자 수는 1000만 PV였다'는 정보는 그다지 세분화된 데이터가 아니다. 만약 측정 밀도를 높여서 그 1년 치 PV를 1월 1일 00:00부터 12월 31일 23:59까지 1분 단위로 나눌 수 있다면 더 세분화된 데이터를 얻을 수 있다. 이렇게 데이터 세분화가 잘 돼 있을수록 더욱 다양한 대상을 추정할 수 있다.

뮤지컬 〈RENT〉의 주제가 'Seasons of love'의 가사 중에는 "52만 5600분. 당신은 삶에서 1년이라는 시간을 어떻게 헤아리나요?(525,600 minutes. How do you measure a year in the life?)"라는 부분이 있다. 단순하게 계산하면 1분짜리 데이터는 1년짜리 데이터보다 52만 5600배의 분해능을 지니며, 이는 즉 데이터가 52만 5600배 더 세분화되어있다고 할 수 있다. 이처럼 '측정 밀도'라는 관점으로 데이터를 바라봄으로써 1년이라는 범위를 얼마나 세세하게 나눌 수 있는지 이해할 수 있다.

한편으로 데이터를 조합하는 방법이란, 여러 데이터를 연계하여 다양한 각도에서 해석하는 기법이다. 웹 방문자의 성별 추정 사례에서는 단순히 검색어만 저장되어 있던 것이 아니라, 해당 검색어를 사용한 사람의 아이디와 연관 지어 저장되어 있었다. 이는 검색어(예: '넥타이 선물')에 다른 데이터를 조합함으로써 데이터를 더욱 세분화한 예라고 할 수 있다. 웹 사이트 접속자 수로 치면 누가 접속했는지, 어느 지역에서 접속했는지, 어떤 브라우저로 접속했는지 등 데이터를 바라보는 각도를 바꿈으로써 분해기능을 높일 수 있다.

그동안 살펴본 바와 같이, 단순히 '검색 이력 데이터'라고 해도 세분화 정도는 천차만별이다. '월별로 집계된 검색어 데이터'와 '사용자 아이디, 접속 지역, 브라우저, 검색 시각과 함께 저장된 검색어 데이터'는 명백히 쓰임새가 다를 것이다.

그럼 데이터는 어느 정도로 세분화해야 할까? 이는 추정하고 싶은 목적 변수가 무엇이냐에 따라 결정된다. 가령 신용카드의 특정 온라인 결제 내역이 사기인지 아닌지 간파하고 싶은 상황이라면, 작년에 일어난 사기 사건의 총횟수 데이터는 아무 쓸모가 없다. 그러한 세분화된 정보를 추정하고 싶다면, 준비해야 할 데이터도 구매한 상품, 가격, 개수, 점포, IP주소, 결제 시각 등 최대한 세분화된 것이어야 한다.

'1년간 1000만 PV'라는 웹 사이트 접속자 수 정보를 세분화하는 두 가지 방법

세분화 방법	예시	데이터 표시 사례
집계 단위 세분화	웹 사이트 접속자 수를 1분마다 집계한다	1/1 00:00 = 25PV　　12/31 23:57 = 55PV 1/1 00:01 = 11PV　　12/31 23:58 = 80PV 1/1 00:02 = 18PV…　12/31 23:59 = 31PV
집계 대상을 조합한다	사용자 아이디, 지역, 브라우저별 웹 사이트 접속자 수를 집계한다	A씨, 도쿄도, iPhone Safari, 30PV A씨, 오사카부, iPhone Safari, 2PV B씨, 교토부, Mac Safari, 15PV C씨, 하와이, Android Opera, 11PV…

심하게 세분화된 데이터일수록 차지하는 용량도 커진다. 매일 수많은 사용자가 접속하는 서비스와 앱, 다양한 상품을 판매하는 편의점 등이 모든 데이터를 저장하기 시작하면 몹시 방대한 양의 데이터가 모일 것이다. 그러면 이를 저장하는 데에도 비용이 많이 들 뿐만 아니라, 분석하기 위해 가공하는 시간도 오래 걸린다. "일단 사용자 로그를 전부 저장하고 있는데, 전부 내려받는 데만 4일 걸리고 압축을 푸는 데에도 7일 걸립니다."라는 사례도 있다. 그런 데이터로는 신속하게 분석을 진행하기 힘들다.

원본 데이터는 되도록 모두 저장하되, 그중에서 실제로 유용하다고 보이는 데이터를 골라서 정기적으로 집계하도록 하자. 도중에 비즈니스 과제가 바뀌면 그에 맞춰서 집계 방법도 바꾸면 된다. 손이 많이 가는 방법처럼 보이지만, 장기적으로 보면 이것이 가장 효율적이다.

데이터 선정 기준④ Cost Effectiveness: 비용 대비 효과

마지막으로 비용 대비 효과에 관해 언급하고 넘어가겠다. 프로젝트를 통해 원하는 값을 추정하면 구체적으로 어떤 이득이 있으며, 이를 위해 데이터 취득과 정비에 비용을 얼마나 들일 수 있느냐를 고려하며 데이터를 선별해 나간다. 또한, 데이터를 취득하는 데 드는 비용을 더 줄일 수 없는지도 함께 검토해야 한다.

실제 기업의 프로젝트 현장에서는 당장 가진 데이터가 없어서 새로 만들어야 하는데, 이에 필요한 비용을 감당할 수 없다는 고뇌도 적지 않다. 컨설팅과 세미나에서도 데이터 작성 비용이 부족해서 진행할 수 없다는 질문을 자주 받는다.

먼저 강조하고 싶은 점은 우리의 목표는 데이터 분석 자체가 아니라는 것이다. 데이터 과학을 활용한 프로젝트의 목적은 어디까지나 성과를 내는 일이다. 하지만 프로젝트를 성공시키기 위한 수단에 관해 오해하고 있는 사람이 많다. 즉, '데이터 과학' 프로젝트팀은 데이터 분석 작업만 하면 된다는 착각이다.

예산 승인이 나지 않는다면 가만히 손 놓고 있을 것이 아니라, 데이터에 투자함으로써 얻을 수 있는 이익을 구체적으로 제시한다거나 데이터 과학에 관한 사내 세미나를 개최하는 등의 노력을 해보면 된다. 투자 대비 효과를 단기간에 알 수 있는 소규모 프로젝트를 제안해도 좋고, 외부에서 예산을 획득하는 방법도 고려해볼 수 있다. 아니, 애초에 비용 대비 효과를 제대로 설명할 수 없는 프로젝트 자체가 말이 안 된다.

물론 이는 절대 쉬운 일이 아니다. '프로젝트의 비용 대비 효과'와 '데이터에 투자해야 할 이유' 등을 비즈니스와 연관 지어 회사 임원들을 설득할 수 있는 기술과, 데이터 과학에 관한 전문 기술을 둘 다지닌 인재는 그리 많지 않다. 최근 데이터 과학 분야의 발전 속도 자체가 빠르다 보니 최신 기술 동향을 실시간으로 파악하고 있는 인재 자체가 드물기도 하거니와, 애초에 그 두 가지는 각각 다른 분야의 능력이기 때문이다.

바꿔 말하면 두 분야에 모두 통달한 인재는 희소가치가 매우 높다고 할 수 있다. 필자는 인재를 소개해달라는 의뢰를 받을 때도 많은데, 모델링의 구체적인 원리까지 이해하고 있는 프로젝트 리더나 자금 조달을 할 수 있는 데이터 과학자에 대한 수요는 대단히 높다. 물론 하루아침에 그런 경지에 이를 수는 없겠지만, 역량을 키우기 위한 방법 자체는 단순하다. 자신에게 없는 능력을 지닌 팀원과 단결하여 프로젝트를 성공시키면 된다.

원래 데이터 과학을 전공한 사람이라면 얼마나 비용 대비 효과를 올려야 투자를 받을 수 있을지 생각해보면 된다. 반대로 그동안 프로젝트 관리를 해온 사람이라면 추정 대상과 친화성이 높은 데이터 선정 방법, 가공 방법, 모델에 관한 지식 등을 열심히 배우면 된다.

물론, 너무 어렵고 먼 길처럼 느껴질 수 있다. 그래서 약간의 조언을 덧붙이고자 한다.

여태까지 데이터 과학을 접한 적이 없는 사람이라도, 항상 데이터의 정의를 의식한다면 상당히 전문가다운 태도로 논의에 참여할 수 있다. 가령 앞에서 언급한 '매상 날짜'의 정의를 생각해 보자. 이는 계약서에 쓰여 있는 날짜를 말하는 것일까? 그 밖에도 회사 창고에서 출고한 날, 도매상의 창고에 입고한 날, 도매상에서 검품을 완료한 날, 도매상에서 입금한 날, 도매상에서 출하한 날, 고객 창고에 입고한 날, 고객이 검품을 완료한 날, 고객이 입금한 날 등 다른 수많은 가능성이 존재한다. 처음부터 '매상 날짜'라는 말만 듣고 이토록 많은 가능성을 떠올리기는 어려울 것이다(185쪽 상단 표). 하지만 데이터의 정의에 관해 항상 주의를 기울이다 보면 서서히 사고가 단련될 것이다.

마지막으로 오픈 데이터에 관해 언급하고 넘어가겠다. 오픈 데이터는 무료로 사용할 수 있다 보니 각광받고 있지만, 필자의 경험상 적어도 일본에서는 업무에 바로 이용할 수 있는 오픈 데이터를 본 적이 없다. 향후 발전을 기대해볼 수는 있지만, 현재로서는 들인 노력에 비해 성과가 그다지 좋지 않을 때가 많다. 따라서 필자는 오픈 데이터에 의존하지 않는다는 방침을 취하고 있다.

써도 되는 데이터, 쓰면 안 되는 데이터

이제 사용한 데이터를 다 정했다고 해보자. 기존에 있는 데이터를 사용할 수도 있고, 센서를 이용해 새로 모을 수도 있다. 하지만 당장 눈앞에 데이터가 존재한다 해도, 이를 그대로 다 사용해도 되는 것은 아니다. 왜냐면 버려야 할 데이터가 섞여 있을 수 있기 때문이다.

데이터를 검토할 때에는 기간(데이터를 취득한 시기가 적절한가), 균일성(이질적인 데이터가 포함되어 있지는 않은가), 품질(오류와 실수는 얼마나 포함되어 있는가)을 봐야 한다. 이를 무시하고 모든 데이터를 다 사용해 버리면 분석 결과가 제대로 나오지 않을 수 있다. 분석이 다 끝나고 나서야 잘못된 데이터를 사용하고 있다는 사실이 밝혀져서 모든 분석을 처음부터 다시 해야 하는 상황에 부닥치면 참 기분이 암담할 것이다. 그럼 구체적으로 어떤 식으로 잘못된 데이터가 있다는 것일까?

우선 데이터의 기간부터 살펴보자. 시간이 흘러서 상황이 바뀌면 데이터의 성질도 바뀌기 마련이므로, 기존 데이터가 쓸모없어질 때가 있다.

가령 어떤 웹 사이트를 완전히 새롭게 다시 만들었다면, 예전 웹 사이트의 데이터를 가지고 새 웹 사이트의 거동을 예측하는 모델을 구성해서는 안 된다. 비슷한 예시로 혈액 검사 방식이 바뀌어서 기존과 다른 약품을 사용하기 시작했다면, 기존 데이터는 새 검사 방식에 적용할 수 없다. 일본의 태양광 발전 전력 매입 제도 등 새로운 정책이 시행되면서 시장 구조가 크게 바뀔 때도 마찬가지다.

이처럼 상황이 크게 변하는 시점이 언제인지, 언제 취득한 데이터라면 신뢰할 수 있는지 잘 검토한 다음 데이터 사용 여부를 정해야 한다. 이렇게 취득 기간까지 고려하며 데이터를 정의하는 작업은 언뜻 보기에는 지루해 보이지만, 실은 데이터 선별의 토대를 이루는 아주 중요한 작업이다.

하지만 기간을 정했다 해도 아직 안심하기에는 이르다. 이질적인 데이터가 숨어 있어서, 균일성이 깨져 있을 수 있기 때문이다. 분석에 사용하려면 이질적인 데이터는 제거해야 한다.

다시 웹 사이트 접속자 수의 사례로 설명해 보겠다. 웹 사이트를

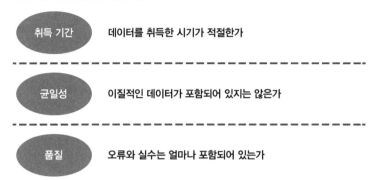

버려야 할 데이터를 선별하는 기준

취득 기간	데이터를 취득한 시기가 적절한가
균일성	이질적인 데이터가 포함되어 있지는 않은가
품질	오류와 실수는 얼마나 포함되어 있는가

새로 단장하고 며칠 후, 인터넷 뉴스 사이트에 웹 사이트를 소개한 기사가 크게 났다고 해보자. 그러면 그날 웹 사이트 방문자의 거동은 평소와는 매우 다를 것이다. 하지만 이런 부분을 고려하지 않고 그냥 넘어간 결과 실패한 사례가 수도 없이 많다.

의료 분야에서도 예를 들 수 있다. 특정 질환의 발생률을 분석할 때는 질환 그 자체의 생리학적 특징에 더하여, 사회 구조와 의료 환경상 질환이 발견되기 쉬운지도 고려해야 한다. 가령 미국 아동의 주의력결핍 과잉행동장애ADHD 발생률이 최근 몇 년간 1.3배로 늘어났는데, 미국 내에서도 ADHD에 대한 보조금이 나오는 주와 나오지 않는 주에서는 당연히 발생률이 다를 수밖에 없을 것이다.

따라서 여러 행정 지역에 걸친 역학 데이터를 다룰 때는 주의 깊게 균일성을 검토해 봐야 한다. 그럼 병원에 있는 검사 데이터는 문제없을까?

실은 의료 데이터에도 균일성 문제는 존재한다. 가령 의료 기기 제조사나 시약을 파는 회사가 바뀌면 혈중 콜레스테롤 측정값도 변하기 마련이다. 그래서 최근 임상 연구에서는 이러한 데이터 균일성이 담보되지 않은 데이터를 인정하지 않는다. 따라서 어떤 환경에서 무슨 방법으로 취득된 데이터인지 항상 생각해야 한다.

분석 시간 중 80퍼센트는 데이터 정제에 든다

마지막으로 데이터의 품질에 관해 살펴보자. 교과서와는 달리 현실 세계의 데이터에는 수많은 오류가 포함돼 있다. 엄중하게 관리되고 있는 병원 데이터 중에도 테스트용 측정 데이터와 더미 데이터가 포함되어 있다. 소수점 위치를 잘못 적을 때도 있는데, 만약 어른의 키를 '163.0㎝'라고 적어야 하는데 '16.3㎝'라고 잘못 적은 것이면 실수임을 알 수 있다. 하지만 만약 키가 아니라 혈액 검사 결과였다면 실수인지 아닌지 구분하기 어려울 것이다. 왜냐면 검사 종류에 따라서는 측정값의 범위가 대단히 넓을 수도 있기 때문이다. 또한, 비록 드물기는 하지만 극단적으로 범위에서 벗어난 데이터도 존재한다. 이런 다양한 문제를 지닌 데이터를 분석용으로 쓸 수 있게 다듬는 작업을 데이터 정제라고 한다.

데이터를 분석하는 데 드는 시간 중 80% 정도는 이 데이터 정제에 소요되곤 한다. 데이터 해석을 해본 적 없는 사람은 '그냥 쓰레기 데이터만 지우면 되는 거 아니야? 단순 작업이잖아'라고 생각하곤 한다. 하지만 데이터 정제는 절대 단순한 일이 아니며, 오히려 종합적인 판단이 필요한 작업이다. 그리고 이 또한 분석 결과를 좌우할 수 있는 작업이기에 절대 대충 할 수는 없다.

가령 스마트폰 게임 앱의 사용자 정보를 분석한다고 생각해 보자. 각 사용자의 특징을 알아본 결과, 일주일간의 로그인 횟수는 대부분 한 번에서 열 번 정도였다고 한다. 그런데 극히 일부 사용자는 로그인 횟수가 만 번이나 되었다. 자, 그러면 여기서 일주일에 만 번이나 로그인했다는 데이터는 '이상치outlier'로 간주하여 빼버려야 할까?

이에 대한 정답은 '분석 목적에 따라 다르다'이다. 가령 분석 목적이 '라이트 유저와 미들 유저의 특징을 발견함으로써, 라이트 유저를 미들 유저로 만들려면 게임 밸런스를 어떻게 바꿔야 할지 생각하는 것'이라면 이상치로 간주하여 빼버리는 편이 낫다. 다만 이상치의 명확한 기준이 있는 것은 아니다. 로그인 횟수 100회 이상을 이상치로 볼지, 혹은 1,000회 이상을 이상치로 볼지는 데이터 과학자와 데이터 GM이 상의하며 결정해야 할 것이다.

하지만 만약 '일부 고액 결제자와 그렇지 않은 사용자의 특징을 파악함으로써, 잠재적인 고액 결제자를 조기 발견하고 싶다'는 것이 분석 목적이라면 이상치로 다뤄서는 안 된다. 왜냐면 만 번이나 로그인하는 사용자야말로 우리가 분석해야 할 대상이기 때문이다.

결측값은 어떻게 다루나?

이상치가 아니라 아예 처음부터 값 자체가 없는 데이터, 혹은 측정된 이유를 합리적으로 설명할 수 없어서 분석에서 제외하는 데이터를 '결측값missing values'이라고 부른다.

이를 다룰 때 유용한 경험적인 요령이 있는데, 바로 '너무 오래 생각하지 않는다'는 것이나. 아까 나온 키 데이터로 예를 들면 '16.3㎝'라는 값은 '163.0㎝'를 잘못 입력한 것으로 추측할 수 있다. 하지만 만약 '31.5㎝'라고 적혀 있다면 어떨까? 이런 값이 측정된 이유가 바로 생각나지는 않는다. 만약 내가 분석자라면 그런 데이터는 사용하지 않는다. 오랜 시간 고민하여 데이터의 품질을 100%로 만들기보다는, 차라리 그 데이터를 빼버리고 분석을 진행함으로써 빠르게 다음 단계로 넘어가는 편이 낫다.[21]

통계학 연구 중에는 결측값을 다루는 분야도 있다. 연구 결과에 따르면 '결측값이 무작위로 생성된 값이면 분석 결과에 영향을 미치지 않는다'고 한다. 입력 실수가 무작위로 일어난다고 가정하면, 이를 결측값으로 다뤄도 분석 결과에 영향은 주지 않는다는 뜻이다. 필자의 경험에 따르면 전체 데이터 중 5~10% 정도는 결측값으로서 제외하고 있지만, 크게 신경 쓰지 않고 있다.

물론 자의적인 데이터 조작은 날조나 다름없다. 따라서 결측값 등을 처리할 때는 '누가', '언제', '어떻게' 데이터를 가공했는지 기록을 남겨둬야 한다.

일관성을 의식하며 실행하기

이제 마지막 단계인 E: Execution(실행)에 관해 설명할 차례다. 수많은 오해와 과소평가를 받고 있는 부분이다.

E: Execution(실행)는 여태까지 설계한 기계 뇌를 원래 의도한 대로 활용하여 A: Aim(목적)를 달성하는 구체적인 작업이다.

앞에서 소개한 데지마 하지메, 사이엔 스미코, 덴 엥겔 세 사람의 대화 내용을 보면, 기계 뇌를 실제로 운용할 때를 상정한 의견이 나오기도 했다. 가령 다음과 같이 E: Execution(실행)에서 직면할 수 있는 문제점을 지적하고 대책을 제시하는 장면이 있다.

데지마 하지메 분석은 우리가 하지만, 그 결과를 가지고 실제로 조달할 원단의 시기, 종류, 수량, 금액을 정하는 것은 베트남 공장에 있는 생산 관리부에요. 따라서 그분들께 분석 결과의 근거를 제대로 설명하지 못하면 소용이 없습니다.

이는 어떤 B: Brain(기계 뇌 모델)를 사용할지 논의하던 중에 나온 의견이나. 이 의견 때문에 결국 A: Accuracy(정확도)가 낮은 대신 I: Interpretation(해석하기 쉬움)가 높은 모델을 채용하자는 결론에 이르렀다. 이와 반대로 폐암 발견을 위한 화상 진단 알고리즘을 논의할 때는 다음과 같은 이야기가 나왔다.

데지마 하지메 실제 의사와 비교해도 손색없는 수준이어야 병원에 도입할 수 있다고 영업 팀에서도 말하더라고요.

그래서 결국 C: Coding/Construction(프로그래밍 작업·구현)의 일환으로 고사양 PC를 고객에게 대여해주기로 했다.

물론, 이 이야기는 모두 논의가 순조롭게 진행된 대단히 이상적인 상황이다. 실제로는 오랜 시간을 들여 만든 기계 뇌 시제품을 현장에 투입하니 다양한 문제가 발견돼서, 결국 처음부터 다시 만들어야 할 때도 있다. 반대로 현장에서 나온 의견을 무시하고 무작정 기계 뇌를 이용하라고 강요한 결과, 아무도 쓰지 않게 되어버렸다는 사례도 있다.

조직 내에서 기계 뇌가 A: Aim(목적)를 달성하려면 누가 어떤 식으로 협력해야 하는지, 그 사람들이 새로운 기계 뇌를 받아들이려면 무엇이 필요한지, 실행 과정은 누가 관찰할지, 예상되는 문제와 대책은 무엇인지 등을 하나하나 신중하게 검토해야 한다.

자주 저지르는 실수

E: Execution(실행) 단계에서 흔히 저지르는 두 가지 실수를 소개한다.

첫 번째 실수는 담당자가 E: Execution(실행)를 애초부터 중시하지 않는 것이다. 컨설팅을 하다 보면 "우수한 모델을 만들었지만, 현장에서 이해해주지 않아서 결국 사장되고 말았습니다"라는 말을 들을 때가 있다. 이렇게 데이터 과학자가 자신이 실패한 이유를 은근슬쩍 현장에 미루는 듯한 말을 들을 때마다 참 씁쓸한 기분이 들곤 한다. 다소 냉정하게 들리겠지만, 아무리 훌륭한 모델을 만들었다 해도 쓰이지 않으면 아무런 가치도 없다. 프로젝트가 실패한 책임을 현장에 전가하는 한, 그 담당자는 결코 성장하지 못할 것이다. 모델을 '이해해주지 않는다'면서 현장을 무시하는 태도 자체도 문제다.

애초에 절대적으로 우수한 기계 뇌 모델 따위는 존재하지 않는다. 비즈니스용 기계 뇌 모델의 '우수함'은 수학적인 기준이 아니라, 현실 문제를 해결하는 데 공헌했느냐에 따라 정해진다. 저 데이터 과학자의 푸념은 마치 패스트푸드 체인점에 최고급 한우를 사용한 햄버거 메뉴를 제안해 놓고, "정말 맛있는 햄버거를 개발했는데, 매장에서는 이해해주지 않아서 결국 채택되지 못했습니다"라고 하는 것이나 마찬가지다. 이는 데이터 과학자가 저지르는 대표적인 실수로, 기계 뇌가 실제 현장에서 활용되기까지의 과정을 상상하지 못했기 때문에 생긴 일이다.

프로섹트가 성공하기를 바란다면, E: Execution(실행)를 완수하기 위한 끈질긴 협상과 의사소통도 A~D만큼 중요하다는 사실을 인식해야 한다.

두 번째 실수는 담당자 개인이 아니라 조직 운영 자체에 문제가 있는 경우다. 프로젝트 담당 팀이 E: Execution(실행)의 중요성을 잘 이해하고 있다 해도, 이를 받아들이는 쪽에서 전혀 이해하려 들지 않으면 아무 소용이 없다. 특히 대기업처럼 각 부서의 독립성이 강한 환경이라면, 여러 부서에 걸친 개혁안은 쉽게 좌절되거나 묵살되곤 한다.

이는 프로젝트 담당자 개인이나 개별 부서의 힘만으로는 해결하기 어려운 문제다. 소비자와 고객의 시점에서 봤을 때 적절하다고 생각하기 힘든 경영 방침 때문에 분한 경험을 한 독자도 많을 것이다.

하지만 회사가 이런 상황에 부닥쳤다 해도, 그저 한탄하지만 말고 건설적인 방법을 찾아보는 편이 낫다. 구체적으로는 경영자에게 조직 구조 개선을 제안함으로써 경직된 상황을 타개하려고 시도해 볼 수 있다.

가령 고마쓰 제작소의 콤트랙스(제2장 참조)는 여러 부서에 걸친 데이터 활용을 통해 부가가치를 창출해낸 좋은 사례다. 그런데 사실 콤트랙스가 실현되기 전까지만 해도 건설 사업은 연구, 개발, 생산, 마케팅이라는 각 부문이 지나치게 분화되어 있었기에, 데이터 활용은커녕 조직 자체에 문제가 있는 상황이었다. 그래서 당시 프로젝트 담당자는 사장에게 건설 기계 부문을 독립된 조직으로 재편성하자는 제안을 했고, 그 결과 건설 기계 사업 본부가 모든 기능을 통괄하는 독립적인 조직으로 재구성되었다. 그리하여 마침내 다양한 부서의 데이터를 활용하는 콤트랙스라는 시스템이 실현될 수 있다(당시에 조직 개혁을 제안했을 뿐만 아니라 실행까지 담당했던 안자키 사토루 씨는 훗날 사장으로 임명되었다).

신경 써야 할 점

거듭 강조하지만 E: Execution(실행)는 A~D만큼이나 중요하며, 절대 과소평가해서는 안 되는 단계다. 기계 뇌를 활용한 개선 작업이 처음부터 성공하는 것은 흔치 않은 일이다. 따라서 성공할 때까지 여러 차례 실험과 실패를 반복할 수밖에 없으며, 그때마다 끈질긴 교섭과 궤도 수정을 해나가야 한다. 우선 그 사실을 팀원 모두가 인식하고 있어야 한다. 또한 회사 경영자는 데이터 활용 프로젝트를 조직 차원에서 받아들일 수 있도록 사업 책임을 명확히 해 둬야 한다.

어쩌면 후자는 데이터 과학 활용법을 논하는 책에서 다룰 만한 내용은 아닐지도 모른다. 확실히 이 책은 경영론이나 조직론에 관한 책은 아니다. 하지만 기계 뇌를 활용한다는 시점에서 경영과 조직의 문제점을 발견하여 개선할 수 있다는 측면도 있다.

이제 E: Execution(실행) 단계에 관해 구체적으로 살펴보도록 하자.

'실행'은 데이터의 이종 격투기

E: Execution(실행)를 완수하기 위해 담당자가 해야 할 고민은 무엇일까? 필자가 그동안 지켜봤던 수많은 프로젝트를 통해 찾은 답은, 비즈니스 담당자·데이터 과학자·데이터 엔지니어 세 사람이 프로젝트가 끝날 때까지 고삐를 놓지 않은 채 서로 협력해야 한다는 것이다(혼자서 그 모든 일을 다 해낼 수 있는 인재도 있기는 하지만, 프롤로그에서도 언급했듯이 그런 천재에게 의존하는 방식은 재현성과 안정성이 떨어진다. 이 책의 주장은 어디까지나 과학적인 팀 작업을 통해 문제를 해결하자는 것이다).

비즈니스 담당자·데이터 과학자·데이터 엔지니어는 각각 회사에서 경험해온 업무도, 인맥도, 관심 분야마저도 서로 다르다. 표면적으로는 문제없이 협력하고 있는 것처럼 보여도, 실은 무의식적인 전제가 다르다면 나중에 가서 인식 차이가 벌어질 수 있다.

단, 이에 대한 '특효약'은 이미 오래전에 개발되었다. 바로 서로의 생각을 철저하게 언어로 표현하고 계속 공유하는 방법이다(217쪽 표).

앞에서 A: Aim(목적)를 설명할 때 스마트SMART하게 기술하라 여러 부서 출신자로 구성된 기계 뇌 설계팀에서 인식을 공유하기 위한 표(서로 글로 써서 공유해야 하며, 지속적으로 갱신해야 한다)

카테고리	글로 적어야 할 사항
Ⓐ Aim: 목적	• **S** Specific: 구체적인 목적인가 • **M** Measurable: 측정 가능한 목적인가 • **A** Achievable: 달성 가능한 목적인가 • **R** Relevant: 의미 있는 목적인가 • **T** Time Bound: 기한 있는 목적인가 예 (수단)　　　○○함으로써 (대상)　　　○○를 (수치 기준)　○○가 되도록 (기일)　　　○○까지 달성한다 (제약 조건)　단, ○○하도록 한다
Ⓑ Brain: 기계 뇌의 종류 정확한가	• **A** Accuracy 정확도: 의사결정을 내리는 근거가 될 만큼 정확한가 • **I** Interpretation 해석하기 쉬움: 인간이 결과를 해석하기 쉬운가 • **C** Coding / Construction 프로그래밍 작업·구현: 어떠한 구조·구현 방법·체계로 만들 것이며, 이는 얼마나 어려운가 • **S** Speed 속도: 데이터를 수집한 다음 알고리즘으로 처리하기까지 걸리는 시간은 얼마나 긴가. 알고리즘의 처리 속도는 얼마나 되는가. 데이터양이 늘어나도 속도를 유지할 수 있는가
Ⓒ Coding/ Construction : 프로그래밍 작업·구현	• 어떤 프로그래밍 언어와 라이브러리를 사용할 것인가. 그 이유는 뭔가 • 어떤 식으로 서버를 구성할 것인가. 그 이유는 뭔가
Ⓓ Data : 데이터 선정과 정비	• 만들어내고 싶은 데이터가 무엇인가. 어떤 데이터를 재료로 삼을 것인가 • '재료' 데이터를 선정한 근거 　**R** Relevancy: 관련성 　**V** Volume: 분량 　**G** Granularity: 세분화 정도 　**C** Cost Effectiveness: 비용 대비 효과 • 데이터 정제 규칙, 결측값 처리 기록 남기기 　• 데이터의 기간(데이터를 취득한 시기는 언제인가) 　• 데이터의 균일성(이질적인 데이터가 포함되어 있지는 않은가) 　• 데이터의 품질(실수가 얼마나 포함되어 있는가)
Ⓔ Execution: 실행	• 각 항목을 명확하게 문장으로 적어서 모든 팀원이 언제든 볼 수 있게 해놨는가. 적절한 빈도로 내용을 갱신하고 있는가. • 어떤 조직·인원이 기계 뇌를 다룰 것인가. 현재 어떤 수요가 있는가. 도입 시에 예상되는 문제점과 대책은 무엇인가.

고 했었는데, 이는 S: Specific(구체적인), M: Measurable(측정 가능한), A: Achievable(달성 가능한), R: Relevant(의미 있는), T: Time Bound(기한 있는)의 머리글자를 딴 말이었다.

E: Execution(실행) 단계에서 가장 처음 해야 할 작업은 바로 목적을 공유하는 일이다. 우선 A: Aim(목적)를 SMART에 맞춰서 다 적은 다음, 이를 경영자부터 현장에 이르기까지 실제로 기계 뇌를 사용할 사람들에게 보여주면서 의견과 협력을 요청해야 한다. 다양한 관점의 의견을 모을 수 있을 테고, 프로젝트를 응원하는 사람도 생길지도 모른다.

프로젝트의 킥오프 미팅에 경영진이 참여할 때가 많기는 하지만, 막상 A: Aim(목적)를 문서화한 다음 의견을 구하면 반응이 좋지 않을 때가 많다. 다양한 이유가 있겠지만, 대개는 한 마디로 "경영 면에서 임팩트가 부족해 보인다."라는 지적일 것이다. SMART에 따라 제대로 기술했다면 측정 가능한 방법으로 구체적인 목표를 설정해놨을 테니, 이 단계에서 설득하기 힘들다는 말은 즉 애초부터 목표를 잘못 정했다는 뜻이다. 따라서 실패를 받아들이고 다른 방법을 생각해야 한다. 팀장이 올라야 할 산 자체를 잘못 골랐다면, 팀이 아무리 노력한다 한들 목적지에 다다를 수는 없다. 계속 시행착오를 반복하며 '애초에 무엇을 해야 하는지'를 정확하게 생각해내야 한다.

이렇게 A: Aim(목적)를 제대로 정했다면, 다음에는 B, C, D, E도 문서화해야 한다.

B: Brain(기계 뇌의 종류)를 문서화할 때는 데이터 과학자뿐만 아니라 비즈니스 측 담당자도 참여해야 한다. 어떤 모델을 선택했고 그 이유는 무엇인지, 다음 네 가지 시점에서 기술한다.

A: Accuracy(정확도) 의사결정을 내리는 근거가 될 만큼 정확한가
I: Interpretation(해석하기 쉬움) 인간이 결과를 해석하기 쉬운가
C: Coding / Construction(프로그래밍 작업·구현) 어떠한 구조·구현 방법·체계로 만들 것이며, 이는 얼마나 어려운가
S: Speed(속도) 데이터를 수집한 다음 알고리즘으로 처리하기까지 걸리는 시간은 얼마나 긴가. 알고리즘의 처리 속도는 얼마나 되는가. 데이터양이 늘어나도 속도를 유지할 수 있는가

프로젝트용 방이 따로 있다면 대형 이젤 패드에 붙여 놓자. 방이 없다면 자리 근처의 벽에다 붙이면 된다. 어제까지만 해도 없었던 커다란 종이에 무언가가 적혀 있다면 다른 사원들도 관심을 가질 것이고, 생각지도 못한 사람이 중요한 의견을 줄 수도 있다.

기계 뇌의 시험 운용은 언제나 실패할 가능성이 있다. 프로젝트 팀이 아닌 사람에게는 시험 운용에 협력하는 일 자체가 매우 귀찮을 수 있다. 기존보다 해야 할 일이 더 많아지기 때문이다. 하지만 팀에서 A: Accuracy(정확도)뿐만 아니라 I: Interpretation(해석하기 쉬움)에 관해서도 열심히 고민하고 있다는 사실을 알면 도와주고 싶

다는 마음이 들기도 한다. 데이터 과학이라고 하면 보통 차갑고 기계적이라는 느낌이 들기는 하지만, 프로젝트란 어디까지나 사람의 의지로 이루어지는 것이다. 따라서 인간관계에 따른 신뢰와 협력 없이는 성공하기 힘들다.

C: Coding/Construction(프로그래밍 작업·구현) 단계에서 중요하다고 언급했던 점은 다음과 같았다.

① 사용할 언어, 라이브러리를 명확한 근거에 따라 선택했는가

② 서버 운용 방법을 선택할 때 근거 없는 불안, 시대착오적인 사내 규정, 잘못된 법률 해석 등에 얽매이지는 않았는가

③ 팀 내에서 의사소통할 때 오해는 없는가

평소에는 엔지니어에게 맡기기만 하던 일을 굳이 문서화함으로써, "사내 시스템에서는 자바를 사용하니, 파이썬으로 짰다가 자바로 다시 고치기보다는 그냥 처음부터 자바로 짜는 편이 낫겠다"라는 식으로 생각지도 못한 발견을 할 수도 있다. 또한, 명시적인 선택 이유를 문서로 남겨 두면 담당자가 바뀌었을 때도 대처하기 쉽다. 만약 기록을 남겨두지 않았다면 매번 처음부터 다시 검토해야 할 것이다.

매일 변화하는 업무 내용을 모두 기록하는 것은 현실적이지 않다는 의견도 있을 수 있다. 하지만 실제로 의사소통 과정에서 수많은 오해가 생기고 있으니 마냥 손 놓고 있을 수만은 없는 노릇이다. 모든 결정 사항을 전부 기록할 필요까지는 없고, 의사결정 과정을

완전히 블랙박스 안에 숨기지 않도록 노력하라는 뜻이다.

D: Data(데이터 선정과 정비)를 문서화할 때는 만들고 싶은 목적 데이터가 무엇이며, 이를 만드는 데 필요한 재료 데이터가 무엇인지 생각해야 한다. 이때 '지금 가지고 있는 데이터'를 바탕으로 생각하지 말고, A: Aim(목적)를 기점으로 삼아서 다음 관점에 따라 검토해봐야 한다.

- R: Relevancy 관련성
- V: Volume 분량
- G: Granularity 세분화 정도
- C: Cost Effectiveness 비용 대비 효과

이러한 관점에 따라 데이터를 선정한 이유를 문서화하면 된다. 이때 팀 내에서 '데이터를 적절하게 선택했'고 확신하지 못했다면, 데이터를 수집·정제·분석해도 목표를 달성하기는 어려울 것이다.

D: Data(데이터 선정과 정비)를 정했으면, 다음으로는 데이터 정제를 해야 한다.

- 데이터의 기간(데이터를 취득한 시기는 언제인가)
- 데이터의 균일성(이질적인 데이터가 포함되어 있지는 않은가)
- 데이터의 품질(실수가 얼마나 포함되어 있는가)

이러한 관점에 따라 데이터 정제 규칙을 팀 내에서 논의한 다음 문서화하고, 실제 처리 기록도 계속 남기도록 해야 한다. 데이터 정제는 대단히 따분하고 시간도 오래 걸리는 작업이다. 안 그래도 바

쓰니 데이터 정제 정도는 대충 넘기고 싶다는 마음도 이해는 간다. 하지만 아무리 A: Aim(목적)부터 C: Coding/Construction(프로그래밍 작업·구현)까지를 제대로 거쳐 왔다 해도, D: Data(데이터 선정과 정비)를 망치면 그동안 쌓아 올려왔던 것이 모조리 무너져 버린다. 훌륭한 주방 시설, 조리 기구, 요리사를 준비했는데도 정작 재료가 상한 상황이나 마찬가지다. 데이터 정제 방법(How)을 정하는 일이란 곧 어떤(What) 것이 적절한 D: Data(데이터 선정과 정비)라고 할 수 있는지, 그리고 왜(Why) 그렇게 생각하는지를 팀 내에서 재확인할 좋은 기회다. 따라서 마지막까지 긴장을 풀지 말고 제대로 진행해보자. E: Execution(실행) 단계에서는 우선 여태까지 진행해왔던 A: Aim(목적)부터 D: Data(데이터 선정과 정비)까지의 주요 논점과 현시점의 결론을 문서화한다. "이미 다 알고 있는 내용인데 굳이 문서화할 필요 없지 않을까?"라는 말이 나올 수 있지만, 너무 안일한 생각이다. 분명 새로운 발견을 할 수 있을 테니, 귀찮아하지 말고 착실하게 문서화하자. 또한 E: Execution(실행)에서 해야 할 일인, 조직이 기계 뇌를 받아들이고 활용하도록 하는 방법도 써보도록 한다. 이 부분은 조직 규모와 기계 뇌의 종류에 따라 천차만별이겠지만, 관련된 조직, 인원, 현재 상황, 수요, 기계 뇌를 도입했을 때 예상되는 문제와 대책 정도는 팀 내에서 의논하여 결과를 글로 적어 두자. 계속 문서화를 하다 보면 점점 데지마 하지메, 사이엔 스미코, 덴 엥겔 세 사람처럼 토론할 수 있게 될 것이다.

제6장

기계 뇌를 운용할 수 있는 조직 만들기

데이터 과학자에 대한 인식과 현실

그동안 소개한 사례를 보면 하나같이 문제를 훌륭하게 해결하고 있다. 필자도 처음 봤을 때는 그 착안점과 실현 방법에 몹시 감탄했던 기억이 난다.

이러한 마법 같은 기술은 분명 특수한 재능을 지닌 극소수의 천재만이 실현할 수 있다고 여러분은 생각할 것이다. 이번 장에서는 그러한 오해를 풀기 위해 데이터 과학자에 대한 일반적인 인식과 실제 모습에 관해 소개하고자 한다.

현재 데이터 과학자라는 직업은 압도적으로 공급이 부족하며, 수많은 기업에서 뛰어난 인재를 원하고 있다. 미국 경영 잡지인 〈하버드 비즈니스 리뷰〉에서는 데이터 과학자를 '21세기의 가장 섹시한 직업'이라 평했으며,[22] 마찬가지로 미국 비즈니스 잡지 〈포춘〉에서 만든 '실제 경력과 급여에 관한 대학 전공과목 가이드북'에 따르면 58가지 학과 중 컴퓨터·시스템 공학을 전공한 학생의 평균 대졸 초임은 의학부에 이은 2위로 8만 5000달러(약 850만 엔)이었다. 현재로서는 수요보다 공급이 극단적으로 적은 상태라고 볼 수 있다.

실제 급여 수준에 관해서는 미국 H-1B 비자(특수 기술이나 지식을 지니며 전문 직종에 종사하는 외국인용 미국 취업 비자) 정보를 참고할 수 있다. 기업과 직책별로 급여가 공개되어 있기 때문이다. 엄밀

미국 대학 전공과목에 따른 평균 초임

1	의학 진학 과정	100,000달러
2	컴퓨터·시스템 공학	85,000달러
3	약학	84,000달러
4	화학 공학	80,000달러
5	전기전자 공학	75,000달러
6	기계 공학	75,000달러
7	항공우주 공학	74,000달러
8	컴퓨터 과학	73,000달러
9	생산 공학	73,000달러
10	물리·천문학	72,200달러
11	토목 공학	70,000달러
12	전기전자 공학 기술	66,000달러
13	경제학	63,300달러
14	재무관리	63,000달러
15	기계 공학 기술	63,000달러

출처: 미국 비즈니스 잡지 〈포춘〉

하게 말하면 데이터 과학자만을 가리키는 직종 분류는 없지만, 연봉은 대략 10만~15만 달러 정도다. 일본에서도 유명한 온라인 동영상 서비스인 넷플릭스는 이러한 직종에 대해 2016년에만 178명이나 취업 비자를 신청했다.

이러한 상황을 보면 데이터 과학자를 극소수의 천재라고 생각하는 것도 이상한 일은 아니다.

미디어에 데이터 과학자가 등장할 때도 그러한 세간의 인식이 그대로 반영되어 있다. 가령 미국 TV 드라마 〈넘버스〉에는 FBI 수사관과 천재 수학자 형제가 나오는데, 수학을 이용해 범죄를 예측하고 어려운 사건을 해결하는 모습이 나온다.

이 수학자는 어떻게 해야 문제를 해결할 수 있고, 어떤 데이터를

기업별 컴퓨터 과학 직종의 급여 중앙값

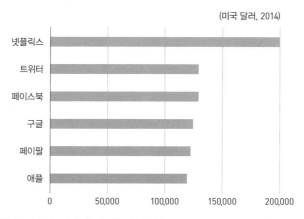

출처: 미국 연방 노동청 고용 훈련국 외국인 고용 증명실Foreign Labor Certification의 정보를 바탕으로 필자가 가공

이용해야 하며, 어떠한 모델을 적용해야 하고, 프로그램은 어떻게 작성하며, 어떤 방법으로 수사팀을 움직이느냐 등 앞에서 언급한 A: Aim(목적)부터 E: Execution(실행)까지를 모두 완벽하게 고려한다. 세간에 퍼져 있는 데이터 과학자의 이미지는 아마 이런 모습일 것이다.

우수한 데이터 과학자가 주변에 없다는 착각

데이터 과학자의 수가 몹시 적은 데다 천재라는 이미지까지 있다 보니, 인재 채용 과정이 순탄하지 않을 때도 많다.

"회사에서도 적극적으로 데이터를 활용해보고 싶어 하지만, 담당할 만한 인재가 없다는 점이 문제입니다."

"단순히 데이터 전문가나 데이터 과학 박사가 회사에 들어와도 소용없지 않을까요? 어느 정도 비즈니스 감각도 있고 IT에도 조예가 깊어서 데이터 활용 프로젝트를 이끌어갈 수 있는 사람을 찾고 있습니다."

"그런 인재를 적극적으로 중도 채용하고 싶습니다."

"하지만 그런 사람은 대체 어디에 있는 걸까요……."

다소 각색하기는 했지만, 의외로 한 번쯤은 들어봤을 법한 이야기가 아닐까? 확실히 데이터 활용을 진행할 만한 인재를 찾는 일이 문제라는 말은 맞다. 하지만 기업에서 새로운 사업을 진행할 때 인재부터 구하는 것은 당연한 일이 아닐까? 또한, 전문 인력을 구하기 전까지는 데이터 활용 사업을 진행할 수 없다는 것도 틀린 말이다. 다음 내용부터 이러한 오해를 하나씩 풀어나가겠다.

단체 경기라는 자세로 임하기

우선 이해해줬으면 하는 사실은 '기업에서 진행하는 데이터 활용 사업은 개인 경기가 아니라 팀 경기'라는 점이다. 제2장부터 제4장까지 소개한 성공 사례와 ABCDE 프레임워크의 내용을 떠올려보기 바란다. 여태까지 없었던 것을 만들려면 눈에 보이지 않는 수많은 준비 작업이 필요하다.

다음은 그중 일부를 추려서 나열해본 것이다. 이중 어떤 항목도 혼자서는 하기는 어렵다. 이러한 작업을 전부 혼자서 해결할 수 있는 천재는 현실적으로 거의 찾아보기 어려울 것이다.

- 현재 회사가 어떤 상황에 놓여 있는지 이해하기
- 고객이 좋은 평가를 내릴 만한 부가가치에 대한 아이디어 내기
- 사내 설득 작업과 각종 자원 조달
- 법적인 요건 확인과 대책 마련
- 고객 참가 유도 및 실제 교섭
- 데이터 취득을 위한 기술 선택 및 도입

- 데이터 표준화와 데이터베이스 정비
- 알고리즘 선택
- 모델 시스템 구현, 코딩
- 테스트 모니터링 및 방향 조절
- 결과 분석 및 전국에 기계 뇌를 보급하기 위한 자원 조달
- 유지 보수 체제 구축 및 팀 훈련
- 현장 인원에 대한 설명 및 합의 형성

일단 비즈니스 감각이 뛰어나고 프로그래밍과 통계 지식도 풍부한 데다 조직을 이끄는 리더십까지 겸비한 영화 주인공 같은 인재가 실제로 있다고 가정해보자.

설령 진짜로 그런 천재가 있다 해도, 위 작업을 혼자서 다 하는 것은 밤낮없이 일한다 해도 시간상 절대 불가능하다. 게다가 그런 뛰어난 인재라면 전 세계의 기업들이 너도나도 데려가려 할 것이고, 아예 스스로 회사를 차려버릴 수도 있다. 현실적으로 그런 슈퍼맨 같은 인재가 굳이 그 회사에서 계속 있어 줄 이유가 없다는 뜻이다.

그보다는 절차와 중요한 의사 결정을 전부 문서화하여 공유하고, 적절한 역할 분담을 통해 유기적으로 연계할 수 있는 팀을 만드는 것이 훨씬 더 현실적이고 재현 가능한 방법이다.

이렇게까지 극단적이지는 않겠지만, 실제로도 수많은 채용 담당자가 한 사람에게 지나치게 많은 재능을 요구하고 있다. 그러면서

"쓸만한 인재가 없다."라고 한탄하곤 한다. 데이터 과학자를 채용할 때 '후보자에게 바라는 재능의 다양함'과 '실제 채용 가능성'은 서로 반비례 관계다.

조직에서 데이터를 활용하기 위해 불가결한 세 가지 역할

이제 영화 주인공 같은 데이터 과학자를 기대하지는 말자. 대신 필요한 세부 능력을 지닌 여러 팀원을 모아서 똑같은 용어를 사용하며 대화함으로써, 유기적으로 움직이는 하나의 팀이 되도록 해야 한다는 것이 필자의 생각이다.

데이터 과학자에게 기대하는 능력에 관해서는 이미 다양한 책에서 언급하고 있다. 가령 기계 학습에 관하여 수많은 저서를 낸 드류 콘웨이는, 진정으로 유능한 데이터 과학자는 엔지니어링 능력, 통계 수학 지식, 실무 경험이 있어야 한다고 주장했다. 이들 세 가지 관련 영역을 나타낸 다음 그림을 본 적이 있는 사람도 있을 것이다(233쪽 상단 표).

데이터 과학자의 세 가지 조건?

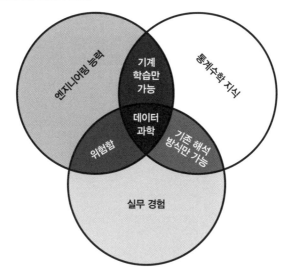

드류 콘웨이는 진정으로 유능한 데이터 과학자는 1. 엔지니어링 능력, 2. 통계수학 지식, 3. 실무 경험
이 있어야 한다고 주장했다. 하나라도 빠지면 '기존 방식으로밖에 해석할 수 없다', '적절한 통계 처리
를 할 수 없다', '기계 학습 코딩밖에 할 수 없다'는 등의 불완전한 인재가 되어버리기 때문이다.

출처: The Data Scicence Venn Diagram
http://www.dataists.com/2010/09/the-data-science-venn-diagram/

그러나 이 그림에 나온 모든 능력을 지닌 '진정한 데이터 과학자'
는 거의 채용하기 힘들 것이다. 그런 인재는 항상 자신의 능력을 갈
고닦을 수 있는 환경에서 일하기를 원한다. 따라서 만약 입사 제의
를 하겠다면 구글이나 페이스북보다 여러분의 회사에 들어가는 편
이 더 성장할 수 있을 것이라고 설득할 수 있어야 한다.

데이터 과학 종사자 수백 명에 대한 설문 조사 결과를 정리한
《Analyzing the Analyzers》에도 데이터 과학자에게 기대하는 능력

《Analyzing the Analyzers》에서는 데이터 과학자를 네 가지로 분류한다

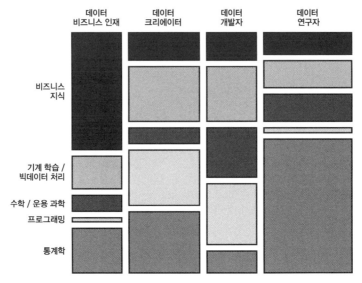

세로축은 필요한 능력(비즈니스 지식, 기계 학습 / 빅데이터 처리, 수학 / 운용 과학, 프로그래밍, 통계학)이며, 가로축은 그 비율에 따른 인재 유형(데이터 비즈니스 인재, 데이터 크리에이터, 데이터 개발자, 데이터 연구자)이다.

출처: Analyzing the Analyzers
http://cdn.oreillystatic.com/oreilly/radarreport/0636920029014/Analyzing_the_Analyzers.pdf 를 바탕으로 필자가 가공

이 잘 나와 있다. 이 책에서는 '비즈니스 지식', '기계 학습 / 빅데이터 처리', '수학 / 운용 과학', '프로그래밍', '통계학'에 각각 얼마나 정통하냐에 따라서, 데이터 과학자를 네 가지로 분류한다.

앞서 소개한 드류 콘웨이의 그림은 각 데이터 과학자가 목표로 삼을 만한 이상적인 인재상이기는 하지만, 채용 담당자가 함부로 참고하기는 힘든 내용이다.

그에 비해 '다양한 종류의 데이터 과학자가 존재한다'는 235쪽

데이터 과학의 천재에게 의존하지 말고, 팀으로 문제를 해결한다

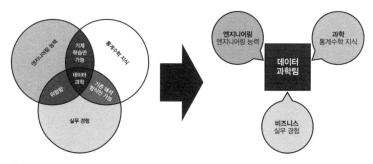

출처: Analyzing the Analyzers
http://cdn.oreillystatic.com/oreilly/radarreport/0636920029014/Analyzing_the_Analyzers.pdf 를
바탕으로 필자가 가공

상단 표가 채용, 훈련, 팀 구성 면에서 더 현실적이다. 모든 인재에게 비즈니스 경험, 기계 학습, 빅데이터, 프로그래밍 등의 온갖 능력을 다 기대할 필요가 없기 때문이다.

그럼 구체적으로 어떤 식으로 인재 유형을 나누면 될까. 그동안 소개한 내용은 데이터 과학자에게 필요한 세세한 능력에 관해 논할 때는 유용하지만, 일단 데이터 과학팀을 구성하는 데에만 집중하며 분류하자면 대략 다음과 같다고 이해하면 된다.

이는 앞에서 소개한 가상 회의의 각 등장인물에 해당한다.

- **비즈니스 관련 분석 리더(= 데이터 GM)**
- **데이터 과학자**
- **데이터 엔지니어**

그동안 살펴본 바와 같이, 이 세 사람이 활발하게 의논할 수 있는

환경만 있다면 충분히 기계 뇌 제작 프로젝트를 진행할 수 있다.

그렇다고 꼭 한 사람이 한 분야에만 특화되어 있을 필요도 없다. 가령 수학 석사 학위를 지니고 있고 코딩도 할 줄 아는 인재라면 과학과 시스템에 둘 다 능하다고 볼 수 있고, 원래 시스템 엔지니어로 활약하던 사람이 전직해서 비즈니스 방면에서 경험을 쌓았다면 비즈니스와 시스템에 해박한 인재라고 할 수 있다.

채용, 훈련, 인원 할당의 관점에서 보자면 비즈니스, 과학, 시스템(코딩과 서버 등 포함)의 균형을 맞추는 일이 곧 '데이터 과학팀'을 구성하는 하나의 기준이 될 수 있다.

그럼 각 영역의 인재는 어떤 특징을 지니는지, 그리고 더 나아가 어떻게 해야 채용할 수 있는지 살펴보도록 하자. 물론 얼마든지 예외가 있을 수 있기에, 어디까지나 인물상에 대한 감을 잡는 데 참고하기 바란다.

① 데이터 제너럴 매니저(GM) 인재

제품과 서비스 고객 획득과 수익 개선 등 비즈니스상의 목표에 초점을 맞추며 과학과 엔지니어링 인재와 밀접하게 의사소통함으로써 프로젝트 전체를 이끌어 나가는 인재다. 영업과 마케팅 부서뿐만 아니라, 상황에 따라서는 경영진과도 긴밀하게 소통해야 한다.

주로 이공계 학부나 대학원을 졸업하고 MBA를 취득했거나, 컨

데이터 GM 인재

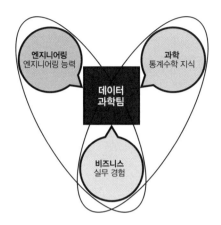

설팅 업계에서 일한 경험이 있는 사람이다. 혹은 원래 엔지니어나 프로그래머였지만, 고객과 직접 접하는 영업이나 기획 등 비즈니스 업무를 5년 이상 경험한 사람이 맡기도 한다.

그러한 인재를 채용하고 활용하려면 경영진이 적극적으로 나서야 한다. 데이터 GM 인재는 MBA, 컨설팅, 고객과 접점이 많은 업무 등 여러 기업을 비교 분석할 기회가 많은 편이다. 또한 데이터 프로젝트의 목표가 정말로 의미 있는 일인지 간파할 수 있는 뛰어난 후각도 지니고 있다. 하지만 만약 회사 경영진이 데이터 프로젝트를 그저 IT 부문의 일개 사업일 뿐이라고 생각하고 있다면(= 기업 경영과 직결된 중요한 사업이라고 여기지 않는다면), 그런 회사에 우수한 데이터 GM이 들어올 리가 없다.

데이터 프로젝트를 여러 차례 지휘해본 사람이라면 향후 경쟁 환경에서 데이터 활용이 얼마나 중요한지, 그리고 기존 조직에서 이를 실현하기가 얼마나 어려운지 잘 알고 있을 것이다. 특히 배움에 관한 열정이 있는 사람은 관련 업계의 세미나 등에 적극적으로 참여하며 "회사 분위기가 구태의연해서 설득하기 힘듭니다.", "설득 이전에 데이터 과학 자체를 몰라서 하나부터 알려줘야 한다니까요.", "사내에서 전례가 없는 시도다 보니 비용 대비 효과를 너무 엄격하게 요구하고 있습니다. 모든 게 다 예상대로 될 리가 없는데…" 등의 체험담을 나누곤 한다.

이처럼 우수한 데이터 GM 인재를 채용하려면 반드시 경영진의 강한 의지가 필요하다.

② 데이터 과학자 인재

통계학과 기계 학습에 관한 과학적인 분석과, 툴을 적용할 때의 이론적인 검토를 담당하는 인재다(거듭 강조하지만 모든 일을 다 도맡아 처리할 수 있는 만능 인재라는 뜻이 아니다).

대학·대학원에서 통계를 자주 접하는 분야의 학위를 취득했고, 과학 연구 기관에서 근무했다거나 일상 업무에서 빅데이터를 다뤄본 적이 있는 사람이 많다.

참고로 일반적인 취업 활동 특집 등에서 언급되는 '데이터 과학자' 인재상은 정말 천차만별이다. 단순히 통계학을 이용한 집계와 보고서 작성만 할 줄 아는 사람이나, 하둡과 머하웃 등 특정 툴을

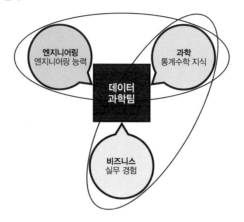

쓸 줄 알기는 하지만 수학적 모델에 관한 이해가 전혀 없는 사람을 가리킬 때도 있다. 여기서 말하는 데이터 과학자 인재란, 어디까지나 과학적인 사고방식과 최적화에 관한 이론적 타당성을 보장할 수 있는 사람을 말한다. 프로그래밍 기술에 관해서도 알고 있어야 하겠지만, 꼭 실제 코딩 작업과 시스템 구현 능력까지 갖추고 있을 필요는 없다.

일본에는 통계학만 전문적으로 가르치는 학과가 아직 없다. 따라서 일반적으로 의학, 약학, 수학, 농학, 경제학, 공학 등 각 분야의 연구실에서 데이터를 통계적으로 해석하는 방법을 배우곤 한다. 단, 학교에서 배운 통계 해석 기술을 그대로 비즈니스에서 활용할 수 있다는 것은 아니다. 비록 수법 자체는 비슷하다 해도, 학문적인 정확함과 엄밀한 데이터 검증에 집착하는 자세가 비즈니스상의 의사 결정에 악영향을 끼칠 때도 있다.

또한, 통계학의 기초라고 할 수 있는 가설 검정의 원리(귀무가설을 이용한 유의성 검정)도 비즈니스에서 언제나 유효한 것은 아니다. 오히려 정확한 검증보다는 신속한 의사결정이 더 중요할 때가 많은 편이다. 학문적으로 엄격하게 검증한다기보다는, 의사 결정을 내리는 데 충분한 정보를 입수한다는 마음가짐으로 임해야 한다. 데이터 과학자를 채용할 때는 그러한 유연한 사고를 할 수 있는지 봐야 할 것이다.

③ 데이터 엔지니어 인재

실제 코딩과 시스템 구성 업무를 지휘하며, 비즈니스상의 요건과 수리 모델의 요건을 프로그램과 서버라는 형태로 구현하는 책임자다. 직접 코딩 작업을 할 때도 있지만, 대규모 프로젝트에서는 코딩 팀을 지휘하기도 한다.

데이터 엔지니어 인재는 대체로 시스템 엔지니어, 프로그래머, 데이터베이스 관리자 등의 업무 경험이 있다. 아예 현역 프로그래머이거나 시스템 관련 프로젝트 리더를 겸하고 있을 때도 많으며, 프로그래밍 능력과 서버 구성에 관한 전문 지식이 필수다.

데이터 GM 인재가 프로젝트의 수익성을 논하고 데이터 과학자 인재가 수리 모델을 담당하는 것처럼, 데이터 엔지니어 인재는 프로그래밍 작업과 시스템 구현의 전체 과정을 총괄하며 엔지니어 팀을

데이터 엔지니어 인재

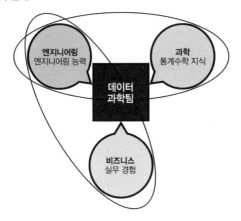

이끈다. 데이터 구조, 시스템 권한, 서버 구성에 관한 각 선택지의 장단점을 논하며, 팀 전체의 목표를 현실에서 실현하는 핵심 인력이다.

사양을 완전히 확정하고 프로젝트를 진행하는 일은 몹시 드물다. 따라서 유지 보수와 보안 성능뿐만 아니라 확장성도 신경 써야, 변화하는 사양에 맞춰서 프로젝트를 유연하게 진행할 수 있다. 이를 위해 향후 어떤 데이터가 필요할 것이며 어떤 기능이 추가될지 예측하여 대비할 수 있는 선견지명이 필요하다. 상상력은 물론이고, 근본적으로는 데이터 정의와 관련 업무에 관한 지식이 누구보다도 풍부해야 한다.

앞에서 '매상 날짜'라는 말을 얼마나 다양하게 해석할 수 있는지 소개했다(186쪽 상단 표). 이는 데이터 엔지니어링 소프트웨어의 사양서나 관련 서적에는 나오지 않는 내용이다.

따라서 데이터 엔지니어는 업무 그 자체에 관심과 흥미를 느껴야 하며, 각 담당자에게 이야기를 듣는 등 꾸준히 업무 지식을 쌓는 노력을 해야 한다.

데이터를 다루는 인재를 키우는 법

채용과 더불어 인재 육성에 관해서도 간단하게 언급하고 넘어가겠다. 데이터 과학은 예술이나 마법이 아니라, 논리적으로 구성된 과학적 방법론이다. 따라서 타고난 재능이 있어야만 다룰 수 있는 것이 아니며, 어느 정도 훈련받은 사람이라면 누구나 터득할 수 있는 기술이다. 그런데 다양한 분야에서 활약할 수 있는 영업 사원을 육성해낸 회사도, 수많은 기업 간부를 배출한 컨설팅 회사도 데이터 인재는 제대로 양성하지 못할 때가 많다.

왜 수많은 회사에서 데이터를 다루는 인재를 키워내지 못하는 것일까? 우수한 영업 사원이나 경영자 육성에 비해 데이터 인재 양성은 본질적으로 더 어려운 일이기 때문일까?

데이터 인재를 키우는 일 자체는 어렵지 않지만, 워낙 새로운 분야다 보니 아직 육성 노하우가 쌓이지 않았기 때문이라는 것이 필자의 의견이다. 어떤 기업이든 다양한 시행착오를 거치며 인재 양성의 기틀을 잡은 것이지, 처음부터 영업 사원과 경영자를 잘 키워내지는 못했을 것이다.

데이터 인재 육성이라고 딱히 특별한 과정이 필요한 것은 아니다.

여기서는 일반적인 육성 단계를 간단히 소개하고자 한다. 인재 육성 담당자의 관점에서 한번 읽어보기 바란다.

성장하겠다는 의욕과 잠재력을 가진 인재 선정

우선 장래에 데이터 인재(데이터 GM 인재, 데이터 과학자 인재, 데이터 엔지니어 인재)가 될 만한 잠재력을 지닌 원석을 찾아야 한다. 앞에서 각 인재의 전형적인 사례를 설명했는데, 꼭 모든 특징이 정확히 일치할 필요는 없다. 제법 규모가 큰 회사라면 어느 정도 유사한 인재를 찾을 수 있을 것이다.

회사 규모가 너무 작아서 그런 인재를 찾지 못할 수도 있다. 그렇다면 새로 채용하거나 외부 인력을 이용해야 하는데, 어느 쪽이 좋을지 비용 대비 효과를 검토해봐야 한다. 규모가 큰 기업이라도 외부 인력을 적절히 활용하면 각 프로젝트 고유의 전문성을 빠르게 확보할 수 있고, 업계 최고 수준의 노하우를 빠르게 배울 수 있다는 장점이 있기에 생각해 볼 가치가 있다.

성장 기대치를 명시한다

본인에게 아무런 공지도 하지 않은 채 팀장이 '이 사람을 데이터 인재로 육성하겠다'라는 생각만 하고 있으면, 아무리 시간이 지나도 전혀 진전이 없을 것이다. 기존 사원에서 발탁하든 새로 채용하든, '언제까지', '이런 능력을 갖췄으면 하고', '이런 프로젝트를 맡기

고 싶으며', '장래에는 이런 직책을 맡을 것이다' 등의 구체적인 기대
치를 명시해야 한다.

경영자도 데이터 과학을 알아야 한다

만약 경영진과 인재 육성 담당자가 데이터 과학에 관해 잘 모르
면, 데이터 인재가 새로운 사업을 시도할 때마다 매번 처음부터 개
념을 설명하고 설득해야 한다. 앞서 설명했듯 데이터를 다룰 수 있
는 인재는 수요보다 공급이 몹시 부족한 상태다. 열심히 공부하는
인재라면 회사 밖의 사례를 통해서도 배우려 하기에, 자연스레 다
른 기업과의 접점도 많아진다. 그런 상황에서 위와 같은 고생을 반
복하다 보면, 자연히 우수한 인재는 회사를 떠나고 말 것이다.

어떤 분야든 육성 대상자뿐만 아니라 육성하는 측도 해당 분야
의 지식을 알고 있어야 적절한 지원을 해줄 수 있다. 데이터 분야라
고 예외는 아니다.

배우고 시행 착오할 기회를 주자

데이터 인재를 육성하는 최신 노하우를 가진 기업은 그리 많지
않다. 애초에 데이터 과학 분야는 수많은 온라인 커뮤니티에서 하드
웨어, 알고리즘, 코드 라이브러리 등을 발전시키고 있다. 말 그대로
전 세계의 재능 있는 사람들이 협력하여 진화시키고 있는 기술 체계
다. 따라서 일류 데이터 인재로 키우고 싶다면 회사 밖에서 교류할

기회를 최대한 많이 줘야 한다.

데이터 인재가 교류하는 커뮤니티는 각지에 존재한다. 가령 일본 도쿄만 해도 다음과 같다.

'마루노우치 애널리틱스丸の內アナリティクス' …… 데이터 GM 인재 커뮤니티

'JapanR', '수학 카페数学カフェ' …… 데이터 과학자 인재 커뮤니티

'TokyoWebmining' …… 데이터 엔지니어 인재 커뮤니티

"사외 연수 참가와 도서 구매는 자유롭게 할 수 있지만, 결국 프로젝트 진행은 허락해주지 않는다."라는 푸념을 들을 때도 있다. 이론 교육만으로는 영업 사원을 키워낼 수 없듯이, 데이터 인재를 육성할 때도 정보 교류뿐만 아니라 실제 업무를 통해 시행착오를 경험하도록 해줘야 한다. 인재를 육성하려면 지식을 입력할 뿐만 아니라, 이를 실제로 사용함으로써 출력해보는 기회도 줘야 한다는 뜻이다.

만약 여유가 있다면 시행착오의 내용에도 신경 써보자. 처음에는 비교적 간단하고 쉽게 결과를 알 수 있는 프로젝트를 맡김으로써 자신감을 불어넣어 주면 좋다. 어느 정도 경험이 쌓였다면 더 어려운 일을 맡길 수 있을 것이다.

프로젝트를 진행할 때 저지르는 말실수

아직은 데이터 프로젝트를 추진하는 노하우가 많이 쌓여 있지 않다 보니, 뜻하지 않은 실수를 저지를 때가 많다. 실제로 처음에는 열정적으로 프로젝트를 시작했지만, 결국에는 좌절하고만 사례가 무수히 많다. 그 원인 중 상당수는 의사소통 문제였다.

여기서는 그러한 잘못된 의사소통 사례를 소개하도록 하겠다. 모두 프로젝트를 진행하다 보면 무심코 할 만한 말실수들이다. 여기서 소개한 내용을 반면교사 삼아 비슷한 실수를 저지르지 않도록 조심하기 바란다.

데이터 GM의 말실수

"데이터가 이렇게 많은데 뭔가에 이용할 수 있지 않을까?"

수단을 바탕으로 목적을 생각해낼 수도 있고, 그런 식으로 접근해서 성공한 사례가 여기저기서 소개되는 것도 이해는 간다. 가망이 없어 보이던 프로젝트가 뜻하지 않은 아이디어를 통해 성공을 이룬다는 줄거리는 몹시 감동적이기 때문이다.

하지만 실제로는 목적을 바탕으로 수단인 데이터를 생각했을 때의 성공 확률이 더 높다. 우연한 발견 덕분에 성공했다는 스토리는 드라마 소재일 뿐, 비즈니스 전략이라고 볼 수 없다. 어디까지나 재현 가능한 접근 방식을 취하도록 하자.

【충고】 지금 가지고 있는 데이터를 바탕으로 생각하지 말고, '해결했을 때 가장 영향력이 큰 비즈니스 과제'가 무엇인지 생각해 보자.

"이상 징후 등을 절대 놓치지 않을 방법은 없을까?"

알고리즘을 이용하여 사람이 눈치채지 못하는 이상 징후를 찾아내는 과제에서 자주 들을 수 있는 말이다. 제5장의 사례에서도 언급했지만, 이상 징후를 절대 놓치지 않는 알고리즘을 만드는 방법은 간단하다. 바로 극도로 민감하게 경보를 울리도록 알고리즘을 조절하면 된다. 원래 데이터 과학자는 '이상 징후를 놓칠 가능성'뿐만 아니라 '잘못된 경보를 울릴 가능성'도 함께 고려하며 알고리즘을 조절한다. 따라서 데이터 GM은 그러한 조절 작업을 돕기 위한 정보를 제공해야 하고, 그럴 때 써야 하는 단어가 바로 제5장에서도 소개한 '감도'와 '특이도'다. '감도Sensitivity'란 실제로 발견하고 싶은 일(가령 기계 고장 등)이 일어났을 때, 고장이라고 진단해내는 비율이다. '특이도Specificity'란 현재 고장 나 있지 않을 때, 고장이 아니라고 진단해내는 비율이다. 일반적으로 감도를 올리면 특이도가 떨어지고, 특이도를 올리면 감도가 떨어진다.

【충고】 현재 알고리즘의 '특이도'와 '감도'는 각각 어느 정도이며, 이를 어떤 값으로 조절해야 할지 생각해 보자.

"한 번에 데이터 정제를 끝낼 수는 없을까요?"

데이터를 꼼꼼하게 살피며 데이터 정제 과정에도 관심이 있어야 할 수 있는 말이다. 데이터 정제 과정을 이해하고 있다는 점은 칭찬할 만하지만, 데이터 정제가 그리 간단한 일이 아니라는 사실도 알아야 한다. 물론 데이터 정제를 자동화할 수는 있겠지만, 그러려면 어느 정도 축적된 노하우가 필요하다.

의료 데이터 분석으로 예를 들어 보자.

- 혈액 검사 결과 중 소수점이 생략된 값을 오류라고 봐야 할까? 아니면 관례적인 표기라고 봐야 할까?
- 혈액 검사에 사용하는 시약이 달라서 생긴 측정값의 차이를 어떻게 처리해야 할까?
- 그냥 '크레아틴'이라고만 쓰여 있다면, 이것이 소변 크레아틴인지 혈청 크레아틴인지 어떻게 구분해야 할까?
- 혈압 평균값을 구할 때 스트레스성 고혈압을 제외해야 할까?

위와 같이 분석 목적에 따라 수많은 전문적인 판단을 해야 한다. 이는 데이터 과학자 인재나 데이터 엔지니어 인재가 아니라, 고객의 데이터 이용 목적과 사업 내용을 자세히 알고 있는 데이터 GM 인재가 판단해야 할 문제다. 데이터 정제는 누가 알아서 잘 처리해 주는 작업이 아니라는 뜻이다.

【충고】효율상 모든 데이터 정제 처리를 자동화할 수는 없겠지만, 그래도 어느 정도 자동으로 처리하기 위한 규칙을 제시하도록 노력해 보자.

데이터 과학자의 말실수

"빈도론은 이미 한물갔다. 베이지안이야말로 정답이다."

베이지안 통계가 기존 통계보다 나은 부분이 있다는 점은 사실이다. 본서에서는 각 방법론의 장단점에 관해 자세히 다루지는 않을 것이다. 다만, 어떤 도구든 다른 도구보다 무조건 더 우월하지는 않다는 것이 필자의 생각이다.

데이터 과학을 공부할 때 특정 방법론에 관심이 가는 것은 당연한 일이고, 자주 사용하다 보니 자연히 해당 방법론에 정통해지기도 한다. 오히려 바람직한 자세라고 볼 수도 있다. 다만 데이터 과학은 어디까지나 도구이며, 도구의 우열은 목적에 얼마나 부합하느냐로 정해진다. 제5장에서 모델을 소개할 때도 언급했듯이, 모든 모델은 A: Accuracy(정확도), I: Interpretation(해석하기 쉬움), C: Coding/Construction(프로그래밍 작업·구현), S: Speed(속도)에 각각 장단점이 있다.

매슬로의 망치

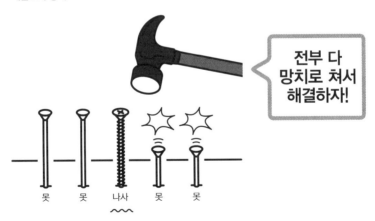

출처: http://www.artfact-online.fr/blog/blog-post/4 를 참고로 필자가 작성

"망치를 들면 모든 것이 못으로 보인다If all you have is a hammer, everything looks like a nail"라는 격언이 있는데, 특정 도구에만 의존하다 보면 시야가 좁아질 수 있다는 뜻이다. 이는 에이브러햄 매슬로라는 심리학자가 한 말로, 매슬로의 망치라고도 한다.

좀 더 복잡한 사례도 있다. "도구에 따라 장단점이 있다는 것은 맞아. 하지만 데이터를 모르는 사내 멤버에게 설명하려면 단순화해서 설명할 수밖에 없어"라는 식의 태도다. 확실히 단기적으로는 유용하기에 무조건 비난할 수만은 없겠지만, 장기적으로 생각하면 사내 멤버의 지식수준을 끌어올리는 편이 더 낫다.

안 그래도 '데이터 과학자는 너무 머리가 좋아서 대화하기 어렵다'라고 생각하는 사람이 많은 편이다. 현재 검토 중인 각 도구에 장단점이 있다면, 다른 사람들의 지식수준을 끌어올릴 기회라고 생각하고 이를 최대한 알기 쉽게 설명하도록 노력해 보자.

현실적으로는 매번 설명하기 어려울 수도 있겠지만, 그렇다고 계속 지식수준이 낮은 채 방치하지는 말도록 하자.

【충고】 이번 목적에 가장 걸맞은 도구는 무엇인지, 도구의 장단점을 동료에게 알기 쉽게 설명할 수 있는지, 사내의 지식수준을 끌어올리려면 어떻게 해야 할지 생각해 보자.

"분석 결과를 설명해도 동료들이 이해하지 못합니다."

종종 이런 푸념을 들을 때가 있다. 만약 동료와 관계자가 데이터 과학을 잘 알고 관심이 많았다면, 더 수준 높은 프로젝트를 진행할 수 있었을 것이다. 그런 환경을 만드는 것도 데이터 팀이 할 일이다. 게다가 데이터 프로젝트는 팀 경기인 만큼, 의사소통 능력은 필수다.

데이터 과학뿐만 아니라 대부분의 전문 분야는 어렵고 내용을 이해하기 힘든 법이다. 법무, 재무, 노무 등 다른 분야의 문제도 보통 아주 복잡하고 어렵다. 각 분야의 전문가가 일을 따내려면 이해관계자에게 알기 쉽게 본질을 설명할 수 있어야 한다. 데이터 과학을 잘 모르는 사람에게 그 가치와 중요성을 인식시키는 것도 데이터 과학자가 해야 할 일이라는 뜻이다.

데이터 과학자는 한 분야의 전문가인 이상, 능숙한 의사소통 능력은 필수다. 만약 동료에게 설명해도 이해하지 못한다면, 이는 설명을 한 자기 자신의 문제라고 생각하자.

【충고】오늘날에는 데이터 과학에 관한 잘못된 정보가 만연해 있고, 데이터 과학을 제대로 이해하고 있는 사람은 아주 드물다. 데이터 전문가라면 상대의 지식수준에 맞춰서 설명과 제안을 할 수 있는 의사소통 능력을 갖춰야 한다.

"시킨 대로 검증해봤지만, 전혀 결과가 안 나오네요."

비즈니스 담당자가 시킨 대로만 일하는 심부름꾼이 되어서는 안된다. 데이터 GM이 데이터의 본질과 분석 방식의 특성을 완전히 이해하고 있다는 보장은 없다. 데이터 과학자라면 '정말로 그 방법이 효과적일까?'라는 직업적 비판 정신을 지녀야 한다.

데이터 GM도 해야 할 일이 산더미다. 비즈니스 측 상황을 파악하고 프로젝트를 진행하면서 각 데이터의 분포까지 파악하기는 불가능하다. "시킨 대로 했을 뿐인데……"라는 데이터 과학자의 푸념을 들을 때마다, 업무에 관한 책임감과 역할에 대한 이해가 부족하다는 생각이 든다. '시킨 일만 하는 것'은 전혀 전문가답지 못한 태도다.

오히려 "비즈니스상의 의사결정을 하려면 이렇게 하는 편이 좋지 않을까요?"라고 제안할 수 있어야 한다. 그러려면 데이터 과학뿐만 아니라 비즈니스와 업무 내용에 관한 지식이 필요하다.

【충고】 지시받은 대로만 일하는 심부름꾼이 되어서는 안 된다. 어떻게 하면 비즈니스 담당자와 대등한 관계를 맺으며 건설적인 의논을 할 수 있을지 생각해보자.

데이터 엔지니어의 말실수

> "이 데이터에 관해서는 업체에 물어보겠습니다.
> 그 건도 업체에 물어보겠습니다."

데이터 엔지니어가 스스로 데이터 구조를 파악하지 않으면 항상 이런 대답밖에 할 수 없기에, 팀에 공헌할 수 없다. 데이터 과학자 인재가 이론 면을 담당한다면, 데이터 엔지니어 인재는 데이터의 신뢰성, 타당성을 보장한다. 질문을 받고 나서야 부랴부랴 데이터의 출처와 정의를 확인해서는 안 된다. 그 누구보다도 데이터에 관한 지식이 풍부해야 한다.

【충고】 데이터 정의와 출처를 그 누구보다도 잘 이해하고 있어야 한다. 팀원 중 가장 데이터의 특징을 잘 파악하려면 무엇을 해야 하는지 생각해보자.

"개인 정보라서 안 됩니다. 그런 데이터가 필요한가요?"

애초에 최종적인 데이터 활용 여부는 데이터 엔지니어가 결정할 일이 아니다. 어디까지나 데이터베이스와 서버의 유지보수 등 업무상의 필요 때문에 데이터에 대한 접근 권한을 지니고 있을 뿐이다. 이를 오해하여 데이터를 사용하려면 자신의 허락을 맡아야 한다고 착각해서는 안 된다. 안 그래도 다른 기업과 경쟁해야 하는 상황인데, 중요한 팀의 자원을 쓸데없이 낭비하게 만들어서는 안 된다. 자칫 우수한 데이터 GM과 데이터 과학자를 잃을 수도 있는 상황이므로, 이런 말을 하는 데이터 엔지니어가 있으면 바로 대처해야 한다.

팀 리더가 '개인 정보를 이용해야 비즈니스 과제를 해결할 수 있다'라고 판단했다면, 엔지니어는 이를 실현하기 위해 최선을 다해야 한다. 물론 그 과정에서 개인 정보 취급 방침과 법적 절차를 준수해야 한다. 다만, 익명화 처리를 한 개인 정보를 사용하는 데 법적인 문제가 있는 경우는 아주 드물다. 대단히 보안 규정이 엄격한 개인 정보의 사례로 개개인의 병력이 저장된 일본 후생노동성 내셔널 데이터베이스를 들 수 있지만, 거기서도 개개인을 특정할 수 없도록 해싱 처리를 한 데이터는 사용할 수 있도록 허락해주고 있다. 본서에서 소개한 혼다의 인터내비도 무슨 차가 언제 어디에 있었으며, 가속도가 얼마였는지 등의 데이터를 다루고 있다.

【충고】 최종적인 데이터 활용 여부는 데이터 엔지니어가 결정할 일이 아니다. 따라서 데이터를 사용하려면 자신의 허락을 맡아야 한다는 태도를 보여서는 안 된다. 오히려 팀에서 선정한 데이터를 실제로 활용하는 구체적인 방안(익명화 처리 등)을 고민해야 한다.

"데이터를 추출하려면 돈이 듭니다."

데이터 엔지니어 인재라면 데이터베이스를 다루는 방법을 모를 리가 없으니, 이런 소리를 한다는 말은 즉 일상적으로 데이터에 접근할 수 있는 환경 자체를 구축하지 못했다는 뜻이다. 따라서 데이터 엔지니어로서 책임을 다하지 못했다는 말을 들어도 할 말이 없는 상태다.

일상적으로 데이터에 접근하면 데이터 수집 상황, 분포, 이상치를 파악할 수 있고, 팀에서 알고리즘을 작성할 때도 데이터 전문가로서 공헌할 수 있다.

이미 데이터를 무기 삼아 문제를 해결해야 하는 상황인데, 기본 재료인 데이터를 뽑을 때마다 비용이 드는 것은 말도 안 된다. 되도록 빨리 데이터 GM과 상의하여, 사내에서 데이터를 자유롭게 다룰 수 있는 환경을 마련해야 한다.

【충고】 아직 데이터를 활용해 문제를 해결할 수 있을 만한 상황이 아니다. 데이터에 접근하는 인프라와 환경을 갖추려면 누가 무엇을 해야 할지 생각해보자.

동료가 여기서 소개한 말실수를 했다고 해서 능력이 부족하다거나 무책임하다고 무작정 비난해서는 안 된다. 이는 표면적으로 드러난 증상과 근본적인 원인을 구분하지 못하는 자세다. 물론 애초에 인간적으로 문제가 있는 사람일 수도 있겠지만, 대부분의 경우에는 조직 구조 설계를 잘못했기 때문에 벌어지는 일들이다. 개인을 책망하기보다는 데이터를 활용하여 문제를 해결하기 위한 동기부여 방법과 협력 방법을 고민하는 계기로 삼아야 할 것이다.

사내에 있는 다이아몬드 원석

우수한 데이터 과학자가 TV와 잡지에 나올 때마다 '이런 인재가 우리 회사에 있었으면 좋겠다'는 생각이 들 것이다. 어쩌면 그런 뛰어난 인재는 다른 세상 사람이라고 포기하는 사람도 있을 것이다. 필자가 접해온 기업 중에서도 데이터 과학자는 모두 천재라는 편견 때문에 채용을 포기하는 회사가 제법 있었다.

하지만 필자가 아는 한, 실제로 데이터를 활용하여 성과를 내고 있는 인재들은 대체로 천재가 아니라 노력가들이었다. 데이터를 활용한 결과 성과가 나오고 안 나오고를 결정하는 것은, 팀 연계가 잘 되는가와 목적의식이 분명한가에 달려 있다고 본다.

물론 날 때부터 뛰어난 두뇌를 가진 사람도 있기는 했지만, 그렇다고 처음 만나자마자 '굉장해!'라는 생각이 들 정도로 뛰어난 사람들만 활약하는 분야인 것도 아니다. 인재를 흔히 '다이아몬드 원석'에 비유하곤 하는데, 그 말처럼 대부분의 사람들은 원석인 것이다.

데이터 해석 기법이 발달하고 하드웨어 성능이 오르면서, 보통 사람도 뛰어난 활약을 할 수 있는 무대가 갖춰졌다. 처음으로 전쟁에서 총을 사용한 병사들은 엄청난 성과를 냈겠지만, 그 병사들이 과연 선천적으로 뛰어난 이들이었을까?

당연히 아니다. 총이라는 혁신적인 무기를 도입한 지휘관의 능력이 뛰어났던 것이다. 데이터 과학이라는 새로운 무기를 사용하는 법을 익히면 평범한 인재라도 얼마든지 활약할 기회가 있다는 사실을 이해했으면 한다.

'천재적인 데이터 과학자가 없으면 프로젝트를 시작할 수 없다'는 생각은 그저 태만일 뿐이다. ABCDE 프레임워크를 통해 현실을 바꾸려는 노력을 해보자.

데이터 과학을 몰랐던 사람은
앞으로 어떻게 해야 활약할 수 있을까?

마지막으로 여태까지 데이터 과학을 접하지 못했던 인재는 앞으로 어떻게 해야 할지에 관해 정리하고자 한다.

우선 자기 자신의 가치관을 의심하자

격변하는 시대 속에서 그 변화의 전체 양상을 파악하기란 결코 쉬운 일이 아니다. 설사 머리로는 이해했더라도 이를 감각적으로 받아들이기는 어려울 것이다. 다만 현시점에서 입수할 수 있는 정보를 가지고 판단한다면, 기계 뇌의 시대가 오고 있다는 사실을 부정하기 힘들다. 따라서 새로운 시대에 적응한 사고방식이 꼭 필요한 상황이다.

직업에 관한 우리의 가치관은 '기계보다는 사람이 더 믿음직스럽다', '시스템에 의존하면 결국 끝이 안 좋다', '최종적으로는 전문가에게 맡겨야 한다' 등의 기존 사고방식 속에서 형성된 것이다. 여기서는 이를 일일이 검증하지는 않겠으나, 그러한 생각을 뒷받침하던 수많은 전제가 서서히 바뀌고 있다는 사실만은 이해했으면 한다.

데이터 GM의 필수 교양

어떤 환경에서 활동하기 위해 필수적으로 익혀야 할 기초 능력이라는 것이 존재한다. 해외에서 일하려면 그 나라의 언어를 알아야 하며, 사무직이라면 인터넷 활용 능력은 필수다. 옛날이었으면 읽기, 쓰기, 셈하기 등의 능력이었을 것이다. 그런 의미에서 향후 데이터 과학은 필수적인 소양이 될 것이다. 특히 화이트칼라 노동자로서 앞으로 수십 년을 더 일해야 한다면 더욱 명심해야 할 내용이다.

연수 등의 자리에서 "저는 데이터에 관해서는 잘 모르는데 어떻게 해야 할까요?"라는 질문을 들을 때가 있다. 이에 대한 답은 "그럼 공부합시다"이다. 환경이 바뀌면 그 안에서 살아남기 위한 조건도 변하는 법이다. "데이터 과학에 관해 들어보기는 했지만 쓰지는 못한다"라는 말은, 인터넷이 있다는 것은 알지만 검색도 할 줄 모르고 이메일도 쓸 줄 모른다는 말이나 다름없다.

시대 변화를 인지하고 사고방식을 바꿔야 한다는, 자기계발서 같은 내용을 필자가 거듭 강조하는 이유는 실제로 위와 같은 질문을 받아봤기 때문이다. 시대가 바뀌어서 새로운 기술을 익혀야 한다는 사실을 머리로는 이해해도, 실제로 이를 배우기 위해 투자할 정도의 주관을 형성하기는 쉽지 않다. '총은 어렵고 복잡하니 앞으로도 활만 쏘면 안 될까?'가 아니라 '어떻게든 총 쏘는 법을 익히지 않으면 살아남을 수 없다. 어떻게 배워야 할까?'라는 생각을 가져야 한다. 필자가 이 책을 집필한 이유는 되도록 많은 사람이 발상을 전환하고 새로운 시대에 적응했으면 하는 바람 때문이다.

기계 뇌 개발을 공부하기에 앞서, 애초에 시스템 개발이란 무엇인지 알고 싶다면 《맨먼스 신화》라는 책을 추천한다. 시스템 개발 예산을 계산할 때는 '맨먼스man-month'라는 단위가 쓰이는데, 이는 엔지니어 한 사람이 한 달 일한 만큼의 업무량을 뜻한다. 인력을 더 많이 투입한다고 시스템 개발 지연을 만회할 수는 없는데, 《맨먼스 신화》에서는 그 이유를 명쾌하게 설명하고 있다.

데이터 과학자의 필수 교양

데이터 과학자로서 활동하는 이상, 통계와 데이터 과학에 관해 계속 공부해야 한다. 262쪽 표에 참고할 만한 자료를 기재해 두었다. 이러한 정보원을 통해 지속적으로 지식을 갱신하는 작업은, 어부가 항상 어선을 점검하는 것과 마찬가지로 직업상 꼭 필요한 일이다.

하지만 이는 어디까지나 필수 '지식'일 뿐이다. 이번 장에서 전하고 싶은 내용은 데이터 과학상의 계산 수법 자체가 아니다. 오히려

데이터 과학에 관한 지속적인 학습을 위한 자료

웹 사이트	• Kaggle kaggle.com	• 모두 영어지만, 분석 공부를 위한 오픈 데이터와 클라우드상에서 모델을 실행해서 피드백을 받을 수 있는 환경이 갖춰져 있다. Q&A 커뮤니티 활동도 활발하다.
	• hamadakoichi blog d.hatena.ne.jp/ hamadakoichi/	• 데이터 마이닝 + Web 공부 모임 @ 도쿄 (#TokyoWebmining)의 활동 기록이 잘 정리되어 있다. 데이터 마이닝을 통해 다양한 데이터 분석에 도전하는 커뮤니티다.
	• 아라비키 일기 abicky.net	• 《R언어 상급 핸드북》(2013)의 공저자인 아라비키 다케시 씨의 블로그. R 이에도 다양한 화제를 다루고 있다.
	• 롯폰기에서 일하는 데이터 과학자의 블로그 tjo.hatenablog.com	• 기계 학습에 관한 다양한 툴을 소개하고 있다. 또한, 학교에서 기업(사이버 에이전트 → 리크루트, 구글)으로 자리를 옮긴 본인의 실제 경험과 솔직한 고민 등이 볼만하다.
도서	• 데이터 과학자, 무엇을 배울 것인가	• 사토 히로유키 외 지음, 정인식 옮김, 제이펍, 2014 – 통계와 기계 학습 등 데이터 과학자에게 필요한 지식을 깔끔하게 망라하고 있다. 최신판을 추천한다.
	• R활용 통계모델링 입문	• 쿠보 타쿠야 지음, 이종찬 옮김, 박영사, 2017 – 읽으려면 기초적인 통계학 지식이 있어야 한다. 실무적인 통계학 지식을 설명하고 있다.
	• 처음 해보는 패턴 인식	• 히라이 유조 지음, 모리키타슛판, 2012, 국내 미출간 – 이 책도 통계학 지식이 없으면 읽기 힘들지만, 기계 학습의 입문서로서 다양한 수법을 소개하고 있다.
	• 패턴 인식과 머신 러닝	• 크리스토퍼 비숍 지음, 김형진 옮김, 제이펍, 2018 – 상당히 어려운 책이지만, 확률 통계부터 시작해서 고도의 수법까지 다루고 있다.
온라인 강좌	• Cousera cousera.org	• 모두 영어지만, 온라인 동영상 강의로 기계 학습에 관해 배울 수 있다. 매주 과제와 보고서를 온라인으로 제출해야 한다. 수료하면 성적 증명서와 수료증을 발행해 준다.
	• Data Camp datacamp.com	• Cousera와 마찬가지로 모두 영어지만, 주제별로 대단히 광범위한 학습 과정이 준비되어 있다.

이를 어떻게 사용해야 하고, 팀 내에서 어떻게 행동해야 하며, 자신이 어떤 가치를 제공할 수 있는가 등의 마음가짐이다.

그러한 의미에서 소개하고 싶은 책이 있는데, 바로 오사카 가스 주식회사 정보통신부 비즈니스애널리시스센터 소장인 가와모토 가오루 씨의 저서인 《회사를 바꾸는 분석의 힘会社を変える分析の力》(2013)이다. 특히 제4장 '분석 프로페셔널을 향한 길'에서는 분석 전문가로서 지녀야 할 마음가짐에 관해 자세히 언급하고 있다.

데이터 엔지니어의 필수 교양

팀에서 기계 뇌 프로젝트를 추진할 때 엔지니어로서 지녀야 할 필수 소양으로는 서버와 클라우드 등 인프라 환경에 관한 지식, 데이터베이스, 프로그래밍 언어 등이 있다. 인프라는 굳이 데이터 엔지니어가 아니더라도 엔지니어로서 활동한다면 항상 접할 테지만, 나머지 두 가지에는 데이터 과학 프로젝트 특유의 요소가 많다. 따라서 최소한 지식만이라도 알고 있어야 한다.

데이터베이스에 관해 구체적으로 알아보자면 데이터베이스를 새로 구축하는 방법, 기존 데이터베이스를 더 분석에 알맞게 변경하는 법, 적절한 데이터 정제를 통해 타당한 분석 결과를 내는 방법 등 모두 기본적인 기술이다.

데이터 추출, 가공, 출력 작업을 ETLExtract, Transform, Load이라고 하며, ETL 작업을 위한 전문 툴로는 펜타호Pentaho와 탈렌드Talend 등이 있다. 이런 기본적인 소프트웨어는 한 번 정도는 직접 만져서 개요를 이해해둬야 한다. 사스SAS라는 데이터 분석 전문 소프트웨어를 ETL 툴로 도입한 기업도 많기는 하지만, 설사 툴이 다르더라도 지원하는 기능은 거의 비슷하므로 기본 소프트웨어를 다룰 줄 안다면 문제없다.

　프로그래밍 언어 면에서는 데이터베이스를 다루기 위한 SQL은 당연히 필수고, 데이터 가공과 해석 처리에 자주 쓰이는 R, 파이썬, 포트란 등도 알고 있어야 한다. 데이터 과학자 인재 중에는 R과 파이썬을 쓰는 사람이 많다. 따라서 굳이 상용 프로그램을 쓸 수 있을 정도의 수준이 아니더라도, 어느 정도 언어를 다룰 수 있다면 데이터 과학자와 코드 수준에서 의사소통을 할 수 있어서 매우 편하다. 버그를 스스로 고칠 정도만 되어도 의사소통에 드는 수고를 상당히 줄일 수 있다.

　만약 기술적으로 자신이 없다면, 데이터 분석에 관한 해커톤 등에 참여하여 실제 분석을 경험해보면 좋다. 해커톤마저도 부담될 정도의 수준이라면, 우선 책을 읽으며 코드부터 적어보도록 하자. R 언어로 기초적인 지식을 배울 수 있는 책을 두 권 추천하겠다.

《처음 해보는 패턴 인식はじめてのパターン認識》(히라이 유조平井 有三 지음, 모리키타출판, 2012, 국내 미출간) …… 기계 학습 관련 책
《데이터 해석을 위한 통계 모델링 입문データ解析のための統計モデリング入門》(구보 다쿠야久保 拓弥 지음, 이와나미쇼텐, 2012, 국내 미출간) …… 통계학 관련 책

팀워크와 프로토콜을 익힌다

기계 뇌 프로젝트는 개인 경기가 아니라, 대단히 치밀한 연계가 필요한 팀 경기다. 이는 ABCDE 프레임워크에서 설명한 것처럼, 실현하고자 하는 바가 대단히 복잡하고 조직에서 다루기 어렵기 때문이다. 따라서 데이터 기술과 하드웨어 성능이 발전해도 위와 같은 특성은 여전할 것이다.

이 팀 경기라는 수법은 다양한 관점에서 유용하다. 팀원을 '데이터 GM', '데이터 과학자', '데이터 엔지니어'라는 세 가지 역할로 구분했을 때 분포가 어떤지 파악하는 일도 매우 중요하다. 또한, 그 팀을 응원하는 스폰서와 응원단을 사내에서 꾸준히 늘려나가야 한다는 점도 명심하자.

기계 뇌의 시대에
보통 사람은 어떻게 살아야 할까

사람과 기계 뇌의 담당 분야는 계속 바뀌고 있다

이 책은 데이터 과학에 관해 배우고 싶은 사람, 수박 겉핥기가 아니라 제대로 원리 원칙을 이해하고 싶은 사람, 실제 사례를 보고 직접 응용해보고 싶은 사람을 위해 쓴 책이다. 최근 빅데이터가 유행하면서 데이터 과학에 관한 책은 많이 나왔다. 하지만 선정적인 경제적 성공을 나열하기만 한다거나, 통계 기술은 다뤘지만 비즈니스 측면의 분석이 부족하다는 등 사례부터 시스템 구축 방법까지를 균형 있게 다룬 책을 찾아보기 힘들었다. 이 책은 그 두 가지를 골고루 기술함으로써, 데이터 과학을 비즈니스에 활용해야 할 담당자·매니저·경영진 등 본질을 제대로 이해하여 의사결정을 내려야 할 사람에게 유용할 것이라고 자부한다.

선정적이고 표면적인 정보나 전체 중 극히 일부에 지나지 않은 사례만을 본다고 해서, 새로운 기술이 지니는 진정한 의미, 가치, 한계를 파악하기는 어렵다. 이 책을 읽은 사람이라면 지금 우리가 인류 사상 처음으로 경험하고 있는 기계 뇌의 시대는 수많은 업무를 최적화, 고도화하기는 하지만, 그렇다고 인간이 할 일을 전부 빼앗지는 않는다는 사실을 눈치챘을 것이다.

기술이 발전함에 따라 인간이 할 일과 기계가 할 일의 경계선은 변하기 마련이다. 산업혁명이 일어났을 때 숙련공이 직장을 잃은 것처럼, 인공지능이 사람의 일자리를 빼앗을 것이라고 수많은 미디어에서 떠들어대고 있다. 하지만 유사 이래 기술이 발전함에 따라 직업의 종류가 바뀌기는 했지만, 인간이 할 일 자체가 사라진 적은 없었다. 기술에는 언제나 한계가 있으며, 특히 대단히 복잡한 기계 뇌를 다룰 때는 A: Aim(목적)를 결정하는 인간의 의사와 E: Execution(실행)를 위한 고민 등 오히려 기존보다 더 상상력과 창의력이 필요한 일이 많다.

데이터 과학이 새로운 무기인 이상 피해 가는 것은 악수다

앞으로는 기계 뇌와 아무런 관계를 맺지 않고 살아가기란 불가능할 것이다. 꼭 프로그래머가 아니라도 IT기업에 일을 맡긴다거나, 회사에서 필요한 데이터를 수집한다거나, 기계 뇌가 작성한 업무 계획에 따라 일할 수도 있다.

설사 여러분이 일하는 회사가 기계 뇌를 사용하지 않더라도, 경쟁 기업도 그러리라는 보장은 할 수 없다. 오늘날 세계에서 가장 큰 숙박 관련 기업은 에어비앤비이며, 세계에서 가장 큰 택시 회사는 우버다. 여러분이 기계 뇌를 만들거나 운영하는 데 관여하지 않더라도, 다른 사람이 만든 기계 뇌 때문에 직업을 잃을 가능성은 있을 것이다.

산업혁명 때 "나는 평생 증기기관과 아무런 관계도 맺지 않겠다"라고 선언해봤자 아무 소용이 없는 것과 같은 이치다. 개인은 사회 전체의 변화에 휩쓸리는 법이다. 따라서 앞으로는 살아가면서 기계 뇌를 피해 가기는 불가능하다.

기계에게 직업을 빼앗기는 사람이 아니라, 기계를 사용하는 사람이 되자

'인공지능이 당신의 일자리를 빼앗을 것이다'와 같은 말로 함부로 공포심을 조장하는 일은 이 책의 취지에 어긋난다. 물론 인간과 기계의 경쟁이라는 관점에서 일자리를 바라볼 수는 있겠지만, 본질적으로 기계는 도구일 뿐이므로 기계를 적대시해봤자 아무 소용이 없다. 주판을 쓰던 중에 전자계산기가 등장하면 전자계산기를 반대해야 할까? 전자계산기를 쓰던 중에 엑셀이 등장하면 엑셀 반대 운동을 해야 할까? 설사 진짜로 그런 운동을 하는 사람이 존재하더라도, 경력을 고도화하고 싶다면 항상 새로운 기술에 관심을 가지고 배워 보려는 유연한 마음가짐을 지녀야 할 것이다.

필자는 고객에게 데이터 활용법을 조언하는 컨설턴트로서 활동하는 한편, 의료와 교육 분야에서 직접 사업을 일으켜 보기도 했다. 그 과정에서 필자가 스스로 직감과 경험을 바탕으로 해왔던 몇몇 업무를, 현재는 필자가 만든 기계 뇌가 대신해주고 있다.

하지만 필자는 이를 '기계 뇌에게 업무를 빼앗겼다'라고 보지 않는다. 인간은 최근에 겪은 인상적인 사건에 쉽게 영향을 받지만, 기계 뇌는 그렇지 않으며 전체적으로 감도와 특이도가 뛰어났다. 피로도 느끼지 않고 자만심에 빠지지도 않으며 전체적으로 신뢰할 만한 성능을 일관적으로 발휘했다. 덕분에 필자는 그동안 일에 치이느라 손을 대지 못했던, 상상력과 창의력을 발휘해야 하는 업무에 시간을 쓸 수 있게 되었다.

만약 필자가 상상력과 창의력이 필요한 일을 싫어했다면 이러한 변화를 받아들이기 어려웠을 것이다. 또한, 자기 자신이 할 수 있는 일의 범위를 넓혀보고 싶다는 호기심이 없었다면 내 일을 대신하는 기계 뇌를 거북하게 여겼을지도 모른다.

상상력과 창의력을 발휘하고 싶고 자기 자신의 가능성을 넓혀보고 싶었기에 변화를 받아들일 만한 마음의 여유가 있었고, 기계 뇌가 등장해도 유연하게 대처할 수 있었던 것이 아닐까 싶다.

천재들과 함께 일할 수 있도록 자신이 공헌할 만한 분야를 만들자

세간에 퍼져 있는 데이터 과학의 화려한 모습은 대체로 미디어가 만들어낸 허상이다. 제6장에서는 천재에게 의존하는 접근 방식과 팀 단위로 협업하는 접근 방식을 설명했다. 비즈니스, 과학, 엔지니어링을 모두 담당할 수 있는 초인은 아주 드물기에, 재현성과 확장성이 있는 팀 협업 방식을 제안한 바 있다. 구체적으로는 데이터 GM, 데이터 과학자, 데이터 엔지니어의 역할 분담을 통해 팀의 목적을 달성한다는 내용이었다.

제5장에서 다뤘던 ABCDE 프레임워크 중 데이터 과학자만으로 완수할 수 있는 단계는 하나도 없다. A: Aim(목적)는 물론이고, 일반적인 인식과는 달리 D: Data(데이터)마저도 예외가 아니다. '매상 날짜'의 예만 봐도 수많은 정의가 존재하며, 비즈니스에 정통한 팀원이

있어야 정확한 데이터를 다룰 수 있다는 사실을 이미 여러 차례 강조해 왔다. C: Coding(프로그래밍 작업·구현)도 무슨 언어를 쓸지 데이터 과학자가 혼자서 정하는 것이 아니라 팀원과 상의해서 정하는 편이 낫다.

이미 여러분은 데이터 과학이 극소수의 천재들만 활약할 수 있는 무대가 아니라는 사실을 잘 알고 있을 것이다. 데이터 과학 프로젝트는 개인 경기가 아니라 팀 경기다.

물론 프로그램과 기계 뇌를 전혀 모르는 사람은 프로젝트에 공헌하기 힘들다. B: Brain(기계 뇌의 종류)만 해도 다중 회귀, 결정 나무, 랜덤 포레스트, 클러스터링 정도는 알아야 논의에 참여할 수 있다. 다만, 반대로 말하면 그러한 핵심 요소를 알고 있으면 프로그래밍까지는 못해도 팀에 공헌할 수 있다. 기본 개념을 이해하고 비즈니스 측의 의견을 올바른 근거와 함께 제시할 수 있다면, 기계와 천재에게 일자리를 뺏기기는커녕 데이터 팀에 필수 불가결한 인력으로

환영받을 것이다.

"시대를 따라잡고, 시대를 앞서가라." 어느 시대든 개척자들의 야심과 불굴의 정신이 새로운 지평을 열어 왔다. 부디 이 책이 사회의 전진에 공헌할 수 있기를 기도한다.

1 2011년에 아마존이 주주에게 보낸 서간 "Letters to shareholders"와, 필자가 관계자에게 취재한 내용.

2 2014년 아마존 IR자료, 2014년 일본 총무성 〈과학기술연구조사〉

3 https://www.neowin.net/news/google-were-notbuilding-self-driving-carswere-building-the-driver

4 Heart Rate Variability

5 http://www.who.int/healthinfo/global_burden_disease/GBD_report_2004update_part4.pdf

6 엄밀하게 말하면 '무사고'는 아니고 몇 번 사고가 나기는 했다. 하지만 이는 모두 인간이 구글 무인 자동차를 운전할 때 일어난 사고다.

7 https://waymo.com/journey/

8 혼다기연공업 홈페이지

9 〈전자정보통신학회지〉2013년 8월호 서비스 산업 활성화를 위한 측정 추진 소특집, 2-4 〈비즈니스 의사소통 측정〉(모리와키 노리히코, 와타나베 준이치로, 야노 가즈오)

10 2017년 6월 현재 모든 제품 라인에서 기계 학습을 이용한 이물·불량품 검출을 하는 것이 아니라, 일부 라인에서만 검증하고 있다고 한다. 이물과 불량품의 조건을 일일이 프로그램으로 정의해서 판별하는 기존 방식과는 달리, 기계 학습을 이용한 방법은 실제로 알고리즘에게 학습을 시켜 봐야 결과를 알 수 있다. 따라서 장래에는 모든 라인에서 이물·불량품 검출 알고리즘을 도입할 계획이 있기는 하지만, 일단은 관리하기 쉽고 시험 비용도 적게 드는 일부 라인에서만 제한적으로 시험해 보곤 한다. 이처럼 새로운 아이디어를 부분적으로 검증하여 실현 가능성을 평가하는 작업 단계를 개념 증명(Proof of Concept, POC)이라고 한다.

11 오픈DSN 2010년 웹 콘텐츠 필터링·피싱 보고서

12 증권 거래에서 알고리즘을 이용하기 시작한 이유에 관해 자세히 알고 싶은 사람은 《알고리즘으로 세상을 지배하라》(크리스토퍼 스타이너 지음, 박지유 옮김, 에이콘출판, 2016)을 읽어보기 바란다.

13 "THE FORMULA:What if you built a machine to predict hit movies?" Malcom Gladwell The New Yorker OCTOBER 16, 2006

14 영향 인자로서 모델에 포함되는 변수를 피처(Feature)라고 한다.

15 고객 한 사람이 평생에 걸쳐 기업에 가져다준 총이익에서, 그 고객을 유지하기 위해 기업이 지출한 비용의 총합을 뺀 값. Lifetime Value(LTV)라고도 한다.

16 현재 프로그레시브에서 기계 학습을 구체적으로 어떻게 활용하는지는 다음 사이트를 참조.
https://livestream.com/h2oai/events/4138496

17 처리량과 부하에 따라 사용하는 서버 대수를 자동으로 조절하는 수법.

18 〈의료 정보 시스템의 안전 관리에 관한 가이드라인 제4.2판〉(일본 후생노동성, 2013년)

19 〈ASP·Saas 사업자가 의료 정보를 취급할 때의 안전 관리에 관한 가이드라인〉(일본 총무성, 2010년)

20 실제로 와인 가격에 관해서는 다음 추정식이 유명하다(잘못된 식을 소개한 책과 웹 사이트가 많은데, 아센펠터의 회귀식 중 가장 정확도가 높았던 것은 아래 식이다).

와인 품질 = 12.145 + 0.00117 × 겨울 강우량 + 0.614 × 재배기 평균 기온 − 0.00386 × 수확기 강우량 + 0.0239 × 1983년까지의 와인 숙성 기간(출처: 아센펠터의 웹 사이트)

21 다만, 의약품 임상시험에서는 결측값을 그냥 무시하고 넘어갈 수는 없다. 어떤 값을 결측값으로 간주할지를 사전에 문서로 작성하여 관계 당국의 허가를 받아야만 한다. 여기서 소개한 것은 어디까지나 일반적인 분석을 효율적으로 진행하기 위한 시간 분배 요령이다.

22 〈하버드 비즈니스 리뷰〉, 2012년 10월호

잠들지 않는 토끼

1판 1쇄 인쇄 | 2018년 10월 16일
1판 1쇄 발행 | 2018년 10월 22일

지은이 가토 에루테스 사토시
옮긴이 이인호
펴낸이 김기옥

경제경영팀장 모민원 기획 편집 변호이, 김광현
커뮤니케이션 플래너 박진모
경영지원 고광현, 임민진
제작 김형식

인쇄 · 제본 민언프린텍

펴낸곳 한스미디어(한즈미디어(주))
주소 121-839 서울특별시 마포구 양화로 11길 13(서교동, 강원빌딩 5층)
전화 02-707-0337 | 팩스 02-707-0198 | 홈페이지 www.hansmedia.com
출판신고번호 제 313-2003-227호 | 신고일자 2003년 6월 25일

ISBN 979-11-6007-316-4 13320